하루 한 끼
다이어트
밀프렙

Prologue

하루 한 끼 다이어트 밀프렙으로
나와 내 일상을 건강하게 가꾸세요

어릴 적부터 늘 가방에 군것질거리가 빠지지 않는 식탐 대장이었어요. 늘 고기를 찾고, 채소나 과일은 멀리 했죠. 성인이 된 후는 상황이 더 안 좋았어요. 술이 추가되었거든요. 음주와 야식이 끊이질 않았고 결국 체중이 걷잡을 수 없이 늘며 인생 최고의 몸무게를 만나게 됩니다. 그러나 더 큰 문제는 건강이 나빠지기 시작했다는 것이었어요. 그제야 덜컥 겁이 났어요. 건강을 해치고 나서야 다이어트를 해야겠다는 결심이 생기더라고요.

하지만 어렵사리 마음먹고 시작한 다이어트도 문제투성이었어요. 그 당시 유행했던 다이어트 대부분은 극단적으로 칼로리 섭취를 줄이는 방법이었거든요. 체중을 25kg이나 감량했지만 영양 불균형으로 건강은 더 악화되었습니다. 특히 주중에는 거의 아무것도 먹지 않다가 주말 하루 폭식하는 날이 반복되니 강박이 생기고 심리 상태도 불안해졌어요. 폭식 후에는 후회와 죄책감으로 밤새도록 사이클 페달을 밟았어요. 이런 불균형한 식생활과 강박증은 점점 제 일상생활을 망쳐갔어요.

문득 이렇게 나를 잃어가며 살을 빼는 방식이 맞는 건가 하는 의문이 생겼습니다. 그때부터 건강한 식습관과 관련된 서적과 매체를 통해 균형 잡힌 식사, 다이어트 실패 및 성공 사례를 공부하기 시작했어요.

그리고 그렇게 수많은 시행착오 끝에 찾은 방법이 바로 '밀프렙'입니다.

저는 다이어트 인플루언서이자 직장인이에요. 평일에는 회사에 나가고, 운동도 빼놓을 수 없으며, 종종 특강도 나가야 합니다. 아시다시피 다이어트는 식단이 정말 중요한데 이 모든 일들을 소화하며 제대로 된 식단을 챙기기가 여간 쉬운 일이 아니었죠.

그런 저에게 주중 식사를 주말에 미리 준비하는 밀프렙은 선택이 아닌 필수였어요. 밀프렙을 시작한 초반에는 일주일 메뉴를 통일하거나 두 가지 정도로 준비했습니다. 근데 문제가 생겼어요. 일주일 내내 같은 식사를 하니 금방 질렸고, 다른 음식에 대한 갈망이 커져 오히려 참았던 음식을 폭식하는 때가 생겼어요. 그래서 방식을 조금 바꿔 보았어요. 단백질이 풍부한 메인 요리를 한 가지 만들어 다섯 가지 요리로 응용하는 지금의 밀프렙 방식으로요.

    단일 메뉴로 구성했던 밀프렙보다는 조리 시간과 요리하는 데 드는 수고는 조금 더 늘어났지만 먹는 기쁨은 훨씬 커졌어요. 저는 도시락으로 자주 활용했는데 골라 먹는 재미가 있으니 매일 점심시간이 기다려지더라고요. 지금도 이러한 방식으로 맛있고 건강하게 식단을 유지하고 있습니다. 그리고 이제는 그 방법과 레시피를 여러분에게도 나누고자 해요.

    다이어트 밀프렙은 직장인, 학생, 주부 누구에나 유용합니다. 체중 감량을 위한 고단백 저탄수 다이어트식은 물론 아침, 저녁은 그대로 먹으며 하루 한 끼 챙겨 먹는 맛있는 건강식으로도 좋습니다. 영양만점 도시락으로도 완벽하고요. 탄수화물, 단백질, 지방과 식이섬유를 골고루 섭취할 수 있도록 설계하였기 때문에 이 다이어트 밀프렙 식단을 꾸준히 실시할수록 몸이 가볍고 건강해질 거예요. 또한 균형 잡힌 음식을 섭취하고 건강한 식생활을 하고 있다는 자부심과 뿌듯함이 여러분의 일상에 활기를 북돋아 줄 거예요. 하루 한 끼는 생각보다 힘이 크답니다.

    오늘부터 다이어트 밀프렙 시작해보세요. 매일매일 바쁘게 살아가는 우리에게 다이어트 밀프렙은 나와 내 일상을 건강하게 가꾸는 하나의 방법이 될 거예요.

두디 김수지

Contents

하루 한 끼 다이어트 밀프렙 시작하기 전에

다이어트 성공 확률 높이는 밀프렙 식단 · 010
다이어트 밀프렙, 이렇게 시작해요 · 012
밀프렙이 쉬워지는 조리 TIP · 016
밀프렙 식단, 이렇게 보관하세요 · 018
자주 사용하는 재료 · 020

1·2·3주차 맛있는 저칼로리식으로 다이어트 밀프렙 시작하기

1주차
허니 갈릭 닭가슴살 구이로 일주일 밀프렙 만들기 · 030

- 메인 허니 갈릭 닭가슴살 구이 · 032
- 월   허니 갈릭 치킨 사각김밥 · 034
- 화   허니 갈릭 치킨 토스트 · 036
- 수   허니 갈릭 치킨 갈레트 · 038
- 목   허니 갈릭 치킨 콘 샐러드 · 040
- 금   허니 갈릭 치킨 볶음밥 · 042

2주차
돼지고기 간장 불고기로 일주일 밀프렙 만들기 · 044

- 메인 돼지고기 간장 불고기 · 046
- 월   불고기 고구마 김밥 · 048
- 화   불고기 샌드위치 · 050
- 수   매콤 불고기 파스타 · 052
- 목   불고기 돈부리 · 054
- 금   카레 불고기 또띠아 롤 · 056

3주차
칠리소스 새우볶음으로 일주일 밀프렙 만들기 · 058

- 메인 칠리소스 새우볶음 · 060
- 월   칠리새우 또띠아 롤 · 062
- 화   칠리새우 반미 · 064
- 수   칠리새우 두부면 팟타이 · 066
- 목   칠리새우 오트밀 오므라이스 · 068
- 금   칠리새우 감자 짜조 · 070

4·5·6주차
라이트한 레시피로 체중 감량에 속도 내기

4주차
**두부구이로
일주일 밀프렙 만들기** · 074

- 메인 두부구이 · 076
- 월 흑임자소스 콥 샐러드 · 078
- 화 두부 타코 · 080
- 수 두부 강정 덮밥 · 082
- 목 두부 캐비지 롤 · 084
- 금 두부 김치 그라탕 · 086

5주차
**닭가슴살햄 스크램블 에그로
일주일 밀프렙 만들기** · 088

- 메인 닭가슴살햄 스크램블 에그 · 090
- 월 햄 에그 샐러드 샌드위치 · 092
- 화 햄 에그 마요 덮밥 · 094
- 수 햄 에그 두부면 파스타 · 096
- 목 햄 에그 오트밀 카레 · 098
- 금 햄 에그 또띠아 피자 · 100

6주차
**참치 오트밀 볼로
일주일 밀프렙 만들기** · 102

- 메인 참치 오트밀 볼 · 104
- 월 오트밀 파프리카 컵밥 · 106
- 화 아보카도 오트밀 유부초밥 · 108
- 수 오트밀 도우 샐러드 피자 · 110
- 목 오트밀 참치 간장계란밥 · 112
- 금 오트밀 참치 게살죽 · 114

7·8·9주차
밀당 식단으로 정체기 극복하기

7주차
**훈제오리 부추무침으로
일주일 밀프렙 만들기** · 118

- 메인 훈제오리 부추무침 · 120
- 월 훈제오리 단호박 김밥 · 122
- 화 훈제오리 두부면 파스타 · 124
- 수 훈제오리 쫄면 · 126
- 목 훈제오리 갈레트 · 128
- 금 훈제오리 김치 볶음밥 · 130

8주차
**병아리콩 에그 샐러드로
일주일 밀프렙 만들기** · 132

- 메인 병아리콩 에그 샐러드 · 134
- 월 병아리콩 달걀말이 김밥 · 136
- 화 병아리콩 콥 샐러드 · 138
- 수 병아리콩 너트 샌드위치 · 140
- 목 병아리콩 에그 고로케 · 142
- 금 병아리콩 치즈 유부구이 · 144

9주차
**크림소스 버섯볶음으로
일주일 밀프렙 만들기** · 146

- 메인 크림소스 버섯볶음 · 148
- 월 두부면 까르보나라 · 150
- 화 로제 고구마 그라탕 · 152
- 수 버섯 오픈 샌드위치 · 154
- 목 라이스페이퍼 떡볶이 · 156
- 금 매콤 크림 리조또 · 158

10·11·12주차
목표 체중 달성하고 요요 방지하기

10주차
**닭가슴살 찹스테이크로
일주일 밀프렙 만들기** · 162

- 메인 닭가슴살 찹스테이크 · 164
- 월 데리야키 치킨 샌드위치 · 166
- 화 데리야키 치킨 오트밀 덮밥 · 168
- 수 데리야키 치킨 짜조 · 170
- 목 닭가슴살 볶음우동 · 172
- 금 닭가슴살 마늘종 볶음밥 · 174

11주차
**케일페스토 참치 샐러드로
일주일 밀프렙 만들기** · 176

- 메인 케일페스토 참치 샐러드 · 178
- 월 케일페스토 치즈 유부구이 · 180
- 화 케일페스토 푸실리 파스타 · 182
- 수 케일페스토 고구마 고로케 · 184
- 목 케일페스토 또띠아 롤 · 186
- 금 케일페스토 리조또 · 188

12주차
**연어 파피요트로
일주일 밀프렙 만들기** · 190

- 메인 연어 파피요트 · 192
- 월 연어 샐러드 김밥 · 194
- 화 연어 스크램블 에그 샌드위치 · 196
- 수 연어 투움바 파스타 · 198
- 목 연어 라이스 볼 · 200
- 금 연어 데리야키 덮밥 · 202

디저트는 못 참지!
저탄수 다이어트 베이킹

- 허니 바나나 케이크 · 206
- 치즈 쿠키 · 208
- 오트밀 당근 케이크 · 210
- 오트밀 바나나 떡빵 · 212
- 프로틴 초콜릿 푸딩 · 214
- 두부 아이스크림 케이크 · 216
- 바스크 요거트 케이크 · 218
- 노밀가루 무화과 스콘 · 220
- 흑임자 바나나 쿠키 · 222
- 인절미 콩볼 · 224

Start!
하루 한 끼
다이어트 밀프렙
시작하기 전에

다이어트 밀프렙 식단을 준비하기 전 알아두면 좋은 내용들을 모았어요. 밀프렙이 어떤 것인지, 어떻게 하는 것인지부터 밀프렙 식단에서 자주 쓰이는 재료나 도구, 신선하게 보관하고 맛있게 먹는 팁들까지 꼼꼼히 담았습니다. 다이어트 밀프렙 식단을 시작하기 전 꼭 읽어보세요.

✅ 다이어트 성공 확률 높이는 밀프렙 식단

밀프렙이라는 단어를 처음 들어보는 분도 있을 거예요. 합리적이고 편리한 식단 방식이라고 하는데 어떤 방식으로 준비하고 진행되는지 궁금하신 분들을 위해 밀프렙 개념부터 알려드릴게요. 또한 밀프렙 식단이 어떤 점 때문에 다이어트에 적합한지도 소개할게요.

밀프렙?
일주일치 식사를
한 번에 준비해요!

밀프렙Meal Prep이란 식사Meal과 준비Preparation의 합성어로, 일주일치 식사를 한 번에 준비해놓고 끼니때마다 그대로 꺼내 먹는 방법을 말합니다. 주말에 약간의 시간을 내어 주중 식사를 미리 준비하기 때문에 요리에 드는 시간을 크게 절약할 수 있지요. 또한 건강한 식재료로 영양소와 열량을 고려하며 균형 잡힌 식단을 구성할 수 있다는 장점이 있습니다.

매일 같은 메뉴?
다른 메뉴?
밀프렙의 방식

밀프렙은 크게 두 가지 방식으로 준비할 수 있어요. 3~5일치 식단을 동일한 메뉴로 준비하는 방법과 메인 요리를 만들고 그것을 조금씩 변형해 다른 메뉴들로 준비하는 방법이에요. 두 가지 방법은 장단점이 확실합니다. 메뉴를 통일하는 방법의 경우, 조리 시간과 식비를 절감할 수 있습니다. 대신 며칠 동안 계속 같은 메뉴를 먹어야 하기 때문에 식단을 오래 지속하지 못할 확률이 높아요.
반면 메인 요리를 만들어 다양한 응용 요리로 변형해 준비하는 밀프렙의 경우, 첫 번째 방법보다는 요리에 드는 시간이 길고, 식비도 좀 더 높아질 수 있습니다. 하지만 매일 다른 음식을 먹기 때문에 먹는 재미를 포기하지 않아도 되지요. 자연스럽게 식단을 더 오래, 꾸준히 유지할 확률이 높아집니다. 때문에 장기적으로, 건강하게 체중을 감량하고자 할 때는 단일 메뉴로 구성된 밀프렙보다는 메인 요리를 응용하는 밀프렙 방식을 추천합니다.

밀프렙으로 준비하는 최고의 다이어트 식단

다이어트의 승패는 식이요법이 좌우한다고 해도 과언이 아니에요. 하지만 바쁜 직장인이나 학생이 매 끼니 칼로리를 계산하고, 고칼로리 메뉴를 가려가며 식이요법을 지속하기란 쉽지 않습니다. 매일 샐러드나 닭가슴살만 먹기도 힘들고요. 그런 차원에서 밀프렙 방식은 체중 감량 식이요법을 도와주는 최고의 방법입니다.

다이어트 밀프렙을 준비하는 방법은 간단해요. 예상 소요 시간 2시간 정도? 일주일 중 하루 약간의 시간을 내어 요리하면 됩니다. 불고기, 닭가슴살 구이, 버섯볶음, 연어구이 등 단백질이 풍부한 식품으로 메인 요리를 한 가지 만든 뒤 그 요리를 샌드위치, 주먹밥, 파스타, 샐러드, 볶음밥, 또띠아 롤 등으로 응용해 5일치 밀프렙으로 준비하면 됩니다. 완성된 밀프렙은 냉장 또는 냉동 보관해두었다가 그날그날 꺼내 먹기만 하면 돼 편리하고, 주중 메뉴가 모두 다르니 골라먹는 재미도 있어 식이요법에 지치지 않고 다이어트를 지속할 수 있습니다.

또한 탄단지(탄수화물-단백질-지방)의 밸런스까지 완벽에 가깝게 맞출 수 있지요. 특히 밀프렙을 도시락으로 활용해 점심 식사 때 영양소를 충분히 채우면 오후를 활기차게 보낼 수 있을 뿐만 아니라 저녁때 폭식할 확률이 크게 낮아집니다. 이제 여러분도 밀프렙으로 먹는 재미를 잃지 않으며 즐겁게 체중 감량에 도전해보세요.

✓ 다이어트 밀프렙, 이렇게 시작해요

체중을 건강하게 감량하기 위해서는 매일 일정량의 단백질을 섭취하고, 탄수화물과 포화 지방 섭취는 최소화하는 것이 가장 기본적인 원칙입니다. 하지만 일반식으로 그때그때 식사를 꾸리다 보면 이러한 식사 원칙과 영양 균형을 놓칠 확률이 큽니다. 그런 점에서 일주일 식사를 미리 계획해 준비하는 밀프렙은 식이요법에 최적화된 방식이라고 할 수 있지요. 이 페이지에서 다이어트 식단을 어떻게 밀프렙으로 구현했는지, 다이어트 밀프렙에는 어떤 장점이 있는지 알려드릴게요.

STEP 1
이번 주 메뉴와 장보기 리스트를 확인해요!

매 주차 첫 페이지에는 그 주의 식단이 어떻게 구성되어 있고, 해당 식단을 준비하는 데 어떤 식재료들이 필요한지 한눈에 확인할 수 있어요. 소량의 조미료까지 꼼꼼히 담았으니 장보기 리스트를 확인해 없거나 모자란 재료가 있다면 요리를 시작하기 전 미리 장을 봐두세요.

> 이 책의 레시피는 알룰로스, 무설탕 고추장 등 저열량, 저당 감미료를 활용해 칼로리와 당 섭취를 최소화하도록 설계되었어요!

STEP 2
단백질 듬뿍
메인 요리를 만들어요!

다이어트 식단은 탄단지(탄수화물-단백질-지방) 밸런스를 맞추는 것이 중요해요. 밀프렙에서도 단백질을 완전하고 계획적으로 섭취하기 위해 매주 메인 요리 재료를 고단백 식품으로 구성했어요. 이 메인 요리를 5일치(5회분) 만들어 5가지 다른 메뉴로 재탄생시킬 거예요.

> 닭가슴살, 훈제오리,
> 새우, 버섯 등
> 단백질 풍부한 재료로
> 메인 요리를 만들어
> 근육 손실과 요요를
> 방지해요!

STEP 3
메인 요리를 5가지 요리로 재탄생시켜요

일주일 내내 같은 메뉴를 먹는 밀프렙은 NO! 매일 매일 골라 먹는 재미가 있는 5일 5색 응용 요리로 재탄생시켜보세요. 너무 번거롭지 않냐고요? 메인 요리에 5~10분컷 간단한 조리법을 더하면 밥요리, 면요리, 빵요리 등으로 다양하게 변주할 수 있는 보석 같은 레시피를 소개합니다.

> 밀프렙이지만 일주일 내내
> 다른 요리를 먹기 때문에
> 매일매일 먹는 재미를
> 포기하지 않고
> 다이어트할 수 있어요!

STEP 4
냉장고에 넣어두었다가
그날그날 꺼내 먹어요

이번 주 밀프렙 조리가 끝났다면 각 레시피에서 보관법을 확인해 냉장실로, 냉동실로 보내주세요. 완성된 밀프렙은 하루 한 끼씩 꺼내 먹기만 하면 끝입니다. 또한 메뉴별로 섭취법을 제공하고 있으니 이를 참고하면 갓 만든 요리처럼 맛있게 먹을 수 있어요.

> 미리 만들어둔 밀프렙을
> 갓 만든 것처럼 먹을 수
> 있도록 요리에 따라
> 가장 적합한 보관법과
> 섭취법을 알려드려요!

✓ 밀프렙이 쉬워지는 조리 TIP

현미밥, 통곡물 식빵 등 매주 밀프렙에 사용하는 식재료들은 한번에 많이 준비한 뒤 소분해 적절한 방법으로 보관해두면 조리 시간과 식비를 줄이는 데 도움이 돼요. 이 페이지에서 밀프렙 기본 재료 보관에 대한 몇 가지 팁을 알려드릴게요.

① 자주 쓰이는 현미밥 또는 잡곡밥은 미리 지어 소분해 얼려두세요

흰쌀밥은 탄수화물 함량과 칼로리가 높아 다이어트 시 피하는 게 좋아요. 대신 식이섬유가 풍부해 당분이 천천히 흡수되게 하는 현미밥 또는 잡곡밥으로 대체하면 좋습니다. 다만 주중 밀프렙 식단에 모두 밥이 들어가는 것은 아니기 때문에 한번 밥을 지어 100~150g씩(종이컵 1컵 가득) 소분해 얼려두면 필요할 때마다 하나씩 꺼내쓸 수 있답니다.

② 곡물 식빵은 2장씩 종이포일을 끼워 얼려두세요

거의 매주 밀프렙에 한두 번씩 활용하는 식빵도 처음 사왔을 때 소분해 얼려두면 편리합니다. 방법도 간단해요. 식빵 크기로 자른 종이포일을 여러 장 준비해 식빵 두 장마다 종이포일을 한 장씩 끼워 얼려두세요. 식빵이 냉동되면서 서로 달라붙는 것을 종이포일이 방지해준답니다. 냉동된 식빵은 조리 전 미리 실온에 꺼내두어 해동시킨 뒤 사용하면 돼요.

③ 고구마, 단호박, 스파게티 면 등은 전자레인지로 삶아요

밀프렙 식단의 가장 큰 장점은 요리에 드는 시간을 아낄 수 있다는 점이에요. 하지만 고구마나 단호박을 하나 찌려고 찜통을 꺼내고, 설거지를 해야 한다면 다섯 가지 응용 요리를 다 만들기 전에 지치고 말 거예요. 그런 점을 방지하기 위해 이 책의 레시피에서는 고구마, 단호박, 감자, 스파게티 면 등을 삶을 때 전자레인지를 적극 활용합니다. 각 재료를 깨끗이 씻고 적당한 크기로 잘라 전자레인지 용기에 담은 뒤 소량의 물을 부어 전자레인지에 돌리기만 하면 되니 이보다 간단할 수 없습니다. 조리 시간도 줄고, 설거지거리도 줄어드니 일석이조지요. 각 재료들 익히는 방법과 시간은 레시피에 자세히 나와 있으니 참고하세요.

④ 대파, 마늘, 고추 등은 미리 손질해 얼려두세요

대파, 마늘, 고추 같은 향신 채소들은 대부분의 요리에 늘 조금씩 들어가는 재료예요. 최근에는 소량 포장된 것들도 팔지만, 일반 제품보다 가격이 더 비싸답니다. 이렇게 두고두고 쓰는 향신 채소들은 미리 손질해 냉동 보관하면 식비도 아낄 수 있고, 나중에 꺼내 쓰기에도 편리해요. 대파는 송송 썰고, 마늘은 반은 다져 지퍼백이나 아이스큐브에 넣고, 반은 통으로 얼리세요. 고추는 꼭지를 떼어 얼리기만 하면 된답니다.

이 책에서 사용하는 계량법

[가루류] — 1큰술, 1/2큰술, 한 꼬집
[장류] — 1큰술, 1/2큰술
[액체류] — 1큰술, 1/2큰술, 1컵
[채소] — 한 줌
[면] — 1인분

✅ 밀프렙 식단, 이렇게 보관하세요

주말에 미리 만들어둔 밀프렙, 어떻게 보관해야 상할 위험 없이 안전하고 신선하게 보관할 수 있을까요? 이 페이지에서 몇 가지 보관 팁을 알려드릴게요. 이 팁만 알고 있으면 일주일 내내 안전하고 맛있게 밀프렙 식단을 즐길 수 있을 거예요.

밀프렙 용기는
내용물이 보이는 것이 편리해요

밀프렙 식단은 냉장 또는 냉동해두었다가 그날그날 꺼내먹기 때문에 내용물이 보이는 도시락이면 더 좋아요. 불투명한 용기에 담아두면 냉동되었을 때 내용물을 확인하기가 쉽지 않습니다. 내용물을 확인하려 뚜껑을 자주 여닫는 것도 좋지 않고요. 다만 이미 불투명한 도시락 용기를 가지고 있다면 요리를 옮겨 담은 뒤 뚜껑 위에 마스킹테이프 등으로 메뉴 이름을 적어두면 편리해요.

샐러드나 생 채소 요리는
냉장 보관하고 3일 이내 드세요.

샐러드나 생채소, 갈변이 일어날 수 있는 재료가 들어간 요리는 3일 이내 먹는 것이 좋습니다. 이 책에서 장기간 보관 시 상할 우려가 있거나 맛이 변할 수 있는 메뉴들은 주로 월요일, 화요일 식단으로 배치하였어요. 따라서 책에서 나온 요일 대로 섭취하는 것이 좋지만, 그날 꼭 당기는 메뉴가 있어 불가피하게 먹는 요일을 바꾸고 싶다면 샐러드같이 생채소가 들어간 요리는 최대한 빨리 섭취하도록 합니다. 또한 생채소가 많이 들어간 요리의 경우 냉동되었다 해동되면 맛이나 식감이 달라지기 때문에 되도록 냉장 보관하도록 하세요. 마찬가지로 두부나 달걀이 들어간 요리도 냉장 보관한다면 3일 이내 섭취하는 것이 좋습니다.

밥, 빵 요리는 냉동실에 두면
오래 보관할 수 있어요

볶음밥이나 덮밥, 수분 재료가 적게 들어간 빵 요리들은 냉동 보관해도 맛이 크게 떨어지지 않습니다. 보관 기간 또한 꽤 길기 때문에 밀프렙 식단을 월요일부터 금요일까지 먹는다는 기준으로 냉동 가능한 메뉴들은 목요일, 금요일쯤 배치하면 좋습니다. 밀프렙을 냉동시킬 때는 요리를 충분히 식힌 뒤 밀봉해 얼려두세요. 뜨거운 상태에서 그대로 얼리면 용기 내에 수분이 맺힌 뒤 그대로 얼기 때문에 나중에 해동했을 때 요리의 맛이 떨어질 수 있어요.

냉동 보관했던 도시락은
충분히 해동한 뒤 데워 드세요

매주 목요일, 금요일 배정되는 식단들은 재료의 맛과 안전을 위해 대부분 냉동 보관하도록 하고 있습니다. 냉동 보관하는 도시락의 경우 데우기 전 충분히 해동하는 시간이 필요해요. 점심 도시락으로 활용할 경우 출근하거나 등교할 때 꺼내 들고 나온다면 점심쯤이면 충분히 녹아 있을 거예요. 해동을 충분히 하지 않고, 전자레인지에 데우면 겉은 뜨겁고 속은 덜 녹아 차가운 상태가 되니 주의하세요.

도시락으로 활용할 때는 건강즙이나 음료를 얼려
아이스팩으로 활용해요

밀프렙은 냉장 또는 냉동 보관할 때는 문제가 없으나 냉장고에서 꺼낸 이후 높은 온도에서 잘못 보관하면 여느 음식이 그렇듯 상하거나 맛이 변질될 수 있습니다. 특히 날이 더운 여름철에 밀프렙 식단을 도시락으로 활용할 때는 건강즙이나 좋아하는 음료를 얼려 밀프렙과 함께 넣고 아이스팩으로 활용하면 이동 시간까지 신선하고 안전하게 보관할 수 있습니다.

✅ 자주 사용하는 재료

다이어트 밀프렙 식단에서 자주 사용하는 재료들을 소개할게요. 닭가슴살부터 조미료로 사용하는 대체당까지 영양과 효능, 고르는 법까지 담았으니 알아두면 이후 식단을 건강하게 구성하는 데도 도움이 될 거예요.

육류 · 생선류 · 달걀류

닭가슴살

100g당 단백질 함량이 25g이 넘는 대표적인 고단백 저지방 식품. 맛이 담백하고 소화가 잘 되는 편이다. 구입 시 살이 분홍빛 도는 것을 고르는 것이 좋고, 흰빛을 띠는 것은 오래된 것이므로 피하도록 한다.

돼지고기 앞다리살

돼지고기 앞다리살은 지방이 적고, 100g당 단백질 함량이 16g 정도로 높아 다이어트 식품으로 적합하다. 비타민 B도 풍부한 편이다. '전지'라고도 불린다.

훈제오리

몸에 좋은 불포화지방산이 풍부해 혈관과 피부를 건강하게 만들고, 필수아미노산 또한 많이 들어 있어 기력 회복을 돕는다. 단백질 함량도 100g당 18g 정도로 높은 편이다.

연어

단백질 함량이 100g당 21g으로 높고 오메가3 지방산과 비타민 E가 풍부해 다이어트 식품으로 좋다. 구입 시 살짝 눌러보아 살에 탄력이 있는 것을 고른다.

통조림 참치

참치 살코기를 가공하여 캔에 밀봉한 것으로 아미노산과 불포화지방산이 풍부하다. 참치가 변질되는 것을 막기 위해 식물성 기름을 넣어 보존하는데, 다이어트 요리로 활용할 때는 체에 밭쳐 기름을 제거한 뒤 조리해야 칼로리 섭취를 줄일 수 있다.

달걀

필수아미노산과 비타민, 미네랄 등이 모두 풍부한 완전 식품이다. 손쉽게 단백질을 섭취할 수 있고 포만감이 높아 다이어트 식품으로 자주 애용되지만, 달걀노른자는 지방이 많기 때문에 과잉 섭취하지 않도록 주의한다. 구입 시 표면이 거칠거칠한 것이 신선한 것이다.

채소류

고구마

풍부한 식이섬유가 포만감을 주어 밥 대신 활용 가능하다. 또한 칼륨 함량이 높아 몸 속 나트륨을 배출시키는 데 효과적이다. 구입 시 표면에 흠집이 없고 단단한 것으로 고른다.

단호박

노화 방지에 효과적인 비타민 A와 베타카로틴이 풍부하고, 식이섬유도 많이 들어 있어 변비 예방에 좋다. 당도가 높은데 칼로리는 낮은 편이다. 꼭지가 잘 말라 있어야 단맛이 강하다.

오이

수분 함량이 90%가 넘어 다이어트 시 부족해질 수 있는 수분 보충에 효과적이다. 비타민 C 또한 풍부하다. 구입 시 짙은 녹색의 굵기가 고르고 꼭지가 싱싱한 것을 고른다.

당근

베타카로틴이 풍부해 항산화, 노화 방지 효과가 있으며 특히 눈 건강에 도움이 된다. 특히 기름과 함께 조리하면 비타민 A의 흡수를 높일 수 있다. 색이 일정하고 표면이 매끄러운 것으로 고르도록 한다.

양배추
칼로리는 낮고 포만감은 높아 다이어트에 좋은 것은 물론 위장 건강에 좋은 비타민 U가 풍부하고 식이섬유가 많아 변비 예방에도 도움이 된다. 겉잎이 진한 초록색을 띠는 것이 좋다.

양파
매운맛을 내는 알리신이 항산화 작용을 하고 체내 콜레스테롤 수치를 낮춰준다. 눌러 보았을 때 단단하고 껍질이 잘 말라 있는 것을 고른다.

표고버섯
풍부한 식이섬유가 콜레스테롤의 체내 흡수를 방해하기 때문에 돼지고기 같은 육류와 함께 먹으면 좋다. 말린 것을 사용할 때는 물에 불린 뒤 물기를 꼭 짜 사용한다. 갓의 색이 선명한 것이 좋다.

아보카도
비타민과 미네랄이 풍부할 뿐만 아니라 필수지방산 또한 많이 들어 있어 피부 건강에 좋다. 손으로 쥐었을 때 탄력이 있는 것이 좋고, 너무 단단하다면 덜 익은 것이니 며칠 후숙시킨 뒤 섭취하는 것이 좋다.

토마토
풍부한 라이코펜이 암을 비롯한 각종 성인병을 예방한다. 칼로리와 탄수화물 함량이 적기 때문에 때문에 다이어트 요리에서 새콤달콤한 맛을 내는 데 쓰인다. 구입 시 색이 일정하고 꼭지가 싱싱한 것을 고른다.

냉동 채소
당근, 브로콜리, 완두콩 등 다양한 채소를 손질해 급냉한 제품으로 보관 기간이 길고 채소를 손질하는 수고를 덜 수 있어 편리하다.

콩류 · 곡류

병아리콩

단백질, 비타민, 미네랄 함량이 모두 높아 슈퍼 푸드로 꼽힌다. 식이섬유가 풍부해 포만감 또한 높은 편이다. 구입 시 표면에 흠집이 없는 것을 고른다. 통조림으로 된 제품을 선택하면 불리고 삶는 과정을 생략할 수 있다.

두부

불린 콩을 곱게 간 뒤 가열해 만드는 식품으로 콩보다 단백질 함량이 높으며 소화흡수율이 매우 뛰어나 양질의 단백질을 부담없이 섭취할 수 있다. 조리 후 남은 것은 연한 소금물에 담가 보관한다.

오트밀

귀리의 껍질을 벗겨 익힌 뒤 압착하거나 부숴 만든다. 다른 곡류에 비해 단백질과 비타민 B, 식이섬유가 풍부해 다이어트에 도움이 된다. 믹서에 곱게 갈아 오트밀 가루를 만든 뒤 저탄수화물 베이킹에도 많이 사용한다.

현미밥

흰쌀에 비해 탄수화물 함량이 낮고 칼로리도 절반이라 이 책에서는 흰쌀밥 대신 현미밥을 사용하고 있다. 꼭꼭 씹어 먹지 않으면 체내 흡수가 잘 안 되기 때문에 현미밥을 비롯해 현미로 만든 음식을 먹을 때는 최소 30회 이상 씹어 먹는 것이 좋다.

유제품류

저지방 우유
칼슘, 비타민 B2가 풍부해 뼈와 치아 건강에 도움이 된다. 지방 함량에 따라 일반, 저지방, 무지방 우유로 구분되는데 이 책에서는 저지방 우유를 사용한다. 구입할 때는 유통기한을 꼭 확인하도록 한다.

저지방 요거트
풍부한 유산균이 장 운동과 장내 유익한 세균을 도와 면역력을 높인다. 우유와 마찬가지로 지방 함량에 따라 일반, 저지방, 무지방 제품으로 나뉜다. 이 책에서는 드레싱이나 소스를 만들 때 자주 사용한다.

슬라이스 치즈
우유와 마찬가지로 칼슘과 비타민 B2가 풍부해 뼈와 치아 건강에 좋다. 조미료를 적게 쓰는 다이어트 요리에서 요리의 맛과 풍미를 높여주는 역할을 하기도 한다.

피자 치즈(슈레드 치즈)
피자 치즈의 경우 모차렐라 치즈 한 가지로 만들어진 것과 체다 치즈나 고다 치즈와 섞여 있는 혼합 치즈가 있는데 여러 가지 치즈가 함께 들어간 슈레드 치즈가 풍미가 더 좋다.

기타 가공식품

두부면
두부를 면처럼 얇고 길게 썰어 낸 면으로 단백질 함량이 풍부해 밀가루 면을 대체하기 좋다. 밀가루 면 대신 두부면을 사용하면 탄수화물 섭취량도 크게 낮출 수 있다.

곤약면
곤약을 다양한 면 형태로 가공한 것으로 칼로리가 거의 없어 밀가루 면을 먹을 때보다 칼로리 섭취를 크게 줄일 수 있다. 또한 곤약에 들어 있는 글루코만난 성분이 장을 부드럽게 자극해 장 운동에도 도움이 된다.

라이스페이퍼
현미 가루와 타피오카 전분으로 만든 투명한 피로, 다이어트 요리에서는 밀가루로 만든 만두피나 떡 등을 대체해 다양하게 활용할 수 있다. 밀프렙 식단에서는 일주일에 한두 번 사용하는 경우가 많으므로 남은 것은 밀봉해 냉장 보관한다.

양념 및 조미료

간장
짠맛과 감칠맛을 내는 대표적인 조미료로 콩으로 만든 메주를 소금물과 함께 발효시켜 만든다. 고추장이나 된장 등 다른 조미료보다 칼로리가 훨씬 낮은 편이다. 종류로는 국간장, 진간장, 양조간장이 있는데 이 책에서는 진간장을 사용한다.

무설탕 고추장
설탕 대신 저열량 감미료를 넣어 만든 저당 고추장. 탄수화물 함량이 낮을 뿐만 아니라 칼로리 또한 일반 고추장보다 30~40%가량 낮다. 일반 고추장은 찹쌀과 밀가루, 물엿 등이 들어가 칼로리와 탄수화물 함량이 모두 높기 때문에 다이어트 시 피하는 것이 좋다.

식물성 마요네즈
달걀 대신 콩이나 두유로 만든 마요네즈로 일반 마요네즈에 비해 칼로리, 지방, 나트륨 함량이 20~30%가량 낮아 다이어트 요리의 맛과 풍미를 높이는 데 유용하다.

무설탕 케첩
설탕을 넣지 않아 당 함량과 칼로리를 크게 낮춘 케첩으로 다이어트 요리에서 양념, 드레싱 등에 두루 쓰인다.

알룰로스
설탕 대체재로 열량이 거의 없고 혈당에 영향을 주지 않아 다이어트식이나 당뇨식 등에서 설탕 대체재로 쓰이는 저열량 감미료다. 알룰로스 외에도 스테비아, 에리스리톨, 아스파탐, 나트비아 등 다양한 종류가 있으며 이 책에서는 주로 알룰로스를 사용한다.

꿀
단맛을 내는 천연 조미료로 요리의 풍미를 높여주나 당분이 많고 칼로리가 높아 다이어트 시에는 소량만 섭취하는 것이 좋다.

요리를 더 쉽게 하는 도구

만능 다지기(푸드 초퍼, Food Chopper)

고기나 채소 등을 다질 때 사용하는 도구로 채소를 빠르게 잘게 다질 수 있어 편리하다. 작동 방식에 따라 자동과 수동으로 나누어지는데, 수동은 버튼처럼 짧고 빠르게 눌러 작동시키는 방식과 줄을 잡아당겨 작동시키는 방식으로 나뉜다. 칼질이 서툰 사람에게 추천하는 도구.

스파이럴 라이저

채소를 가늘고 긴 면 형태로 만들어주는 채칼. 이 책에서는 주로 김밥이나 샌드위치 속재료로 들어가는 당근을 채소면처럼 뽑는 데 사용한다(당근을 가늘고 길게 뭉쳐 샌드위치 속에 넣으면 모양이 잘 잡히고 먹기 편리해진다). 스파이럴 라이저가 없는 경우 얇게 채 썰어 사용한다.

매직랩

탄력적인 재질로 샌드위치 등 속재료를 풍성하게 넣은 요리를 손쉽게 감싸 밀봉할 수 있다. 종이포일이나 비닐랩으로 대체할 수 있다.

1·2·3주차

맛있는 저칼로리식으로
다이어트 밀프렙 시작하기

다이어트 초반에는 식단을 조금만
바꿔도 비교적 큰 효과를 얻을 수 있어요.
하지만 아무런 준비 없이 무턱대고
저염·저칼로리식으로 바꿨다가는 적응하지
못하고 금방 그만두게 될 거예요.
1~3주차에는 칼로리는 낮지만 일반식
못지않게 맛있는 레시피로 준비했어요.
맛있는 저칼로리식으로 다이어트는 물론
밀프렙을 준비하는 일과에 적응해보세요.

허니 갈릭 닭가슴살 구이로
일주일 밀프렙 만들기

1주차는 다이어트 하면 빼놓을 수 없는 식재료인 닭가슴살로 시작합니다.
닭가슴살은 100g당 단백질이 25g이나 들어 있는 고단백 식품이에요.
소화도 잘돼 점심 도시락 재료로 제격이랍니다.
1주차에서는 닭가슴살로 맛있는 허니 갈릭 구이를 만들어
일주일 밀프렙 준비하는 방법을 알려드릴게요.

Monday

허니 갈릭 치킨 사각김밥

Tuesday

허니 갈릭 치킨 토스트

Wednesday

허니 갈릭 치킨 갈레트

Thursday

허니 갈릭 치킨 콘 샐러드

Friday

허니 갈릭 치킨 볶음밥

1주차 장보기

- 닭가슴살(100g) — 5개
- 달걀 — 6개
- 마늘 — 4톨
- 아보카도 — 1개
- 고구마(150g) — 1개
- 토마토 — 1.5개
- 오이 — 1/2개
- 양파 — 1/2개
- 대파(8cm) — 2개
- 시금치 — 한 줌
- 현미밥 또는 잡곡밥 — 1.5컵
- 김밥용 김 — 1장
- 통밀 식빵 — 1장
- 통밀 또띠아(15cm) — 2장
- 피자 치즈 — 1/2컵
- 슬라이스 치즈 — 1장
- 저지방 요거트 — 1큰술

조미료
- 간장 — 1/2컵
- 식초 — 1큰술
- 알룰로스 — 2큰술
- 꿀 — 2.5큰술
- 올리브오일 — 4큰술
- 다진 마늘 — 4큰술
- 소금 — 두 꼬집

메인요리 / Main dish

허니 갈릭 닭가슴살 구이

저지방 고단백 닭가슴살을 간장과 마늘, 꿀과 알룰로스로 양념해 달콤짭짤한 구이로 만들었어요.

Ingredients 5일치

- 닭가슴살(100g) 5개
- 간장 1/3컵
- 다진 마늘 3큰술
- 꿀 2큰술
- 알룰로스 2큰술
- 식초 1큰술
- 올리브오일 1큰술

Cooking

1. 간장과 식초, 다진 마늘, 알룰로스, 꿀을 섞어 허니 갈릭 소스를 만든다.
   TIP 닭 누린내에 민감하다면 닭가슴살을 우유에 30분 정도 재워 사용하세요.

2. 올리브오일을 두른 팬에 닭가슴살을 올린 뒤 중불에서 10분간 구워 80% 정도 익힌다.
   TIP 180도의 에어프라이어에서 15분간 구워도 좋아요.

3. 구운 닭가슴살에 허니 갈릭 소스를 넣고 소스가 자작해질 때까지 앞뒤로 뒤집어가며 조린다.
   TIP 에어프라이어를 사용할 때는 닭가슴살에 소스를 고르게 바르고 180도에서 10분간 구우세요.

허니 갈릭 치킨 **사각김밥**

밥 대신 으깬 고구마를 넣고 닭가슴살 구이로 채운 든든한 사각김밥이에요.

보관법

✓ 냉장 3일 보관

섭취법

✓ 바로 섭취

Ingredients
- 허니 갈릭 닭가슴살 구이 1조각
- 달걀 1개
- 고구마(150g) 1개
- 오이 1/2개
- 김밥용 김 1장
- 올리브오일 1큰술
- 소금 한 꼬집

Cooking

1. 고구마는 껍질째 깨끗이 씻어 적당한 크기로 자른다.
   TIP 고구마가 너무 크면 잘 익지 않으니 적당한 크기로 잘라 넣으세요.

2. 전자레인지 용기에 자른 고구마와 물 5큰술을 넣고 전자레인지에서 4분간 돌린다. 고구마는 한 김 식힌 뒤 껍질을 벗겨 포크로 부드럽게 으깬다.

3. 오이는 깨끗이 씻어 칼로 양끝을 잘라내고 필러를 사용해 세로로 얇게 슬라이스한다.

4. 얇게 저민 오이에 소금을 뿌려 5분간 절인 뒤 흐르는 물에 헹구고 키친타월로 눌러 수분을 제거한다.

5. 허니 갈릭 닭가슴살 구이는 손으로 가늘게 찢는다.

6. 올리브오일을 두른 팬을 약불에서 달군 뒤 달걀프라이를 만든다.

7. 10×8cm 크기의 작은 사각 용기에 비닐랩을 깔고 으깬 고구마 1/2, 오이, 허니 갈릭 닭가슴살, 달걀프라이, 남은 으깬 고구마 순으로 채운다.

8. 도마 위에 김을 마름모꼴로 올리고 사각 용기를 뒤집어 7을 꺼낸 뒤 김의 사방을 접어 감싼다.

9. 밀폐용기에 담거나 비닐랩으로 감싸 냉장 보관한다.
   TIP 김이 들어간 요리는 시간이 갈수록 수분을 먹어 눅눅해지고 비린 맛이 나기 때문에 빠른 시간 내 먹는 것이 가장 맛이 좋아요. 7번 과정까지 밀프렙으로 준비해두었다가 당일 아침에 김으로 감싸 완성하는 것도 좋습니다.

허니 갈릭 치킨 **토스트**

응용요리

통밀 식빵 위에 닭가슴살 구이와 달걀, 치즈를 올려 오픈 토스트를 만들었어요.

보관법

✓ 냉장 4일 보관

섭취법

✓ 전자레인지에서 2분
✓ 바로 섭취

Ingredients

- 허니 갈릭 닭가슴살 구이 1조각
- 통밀 식빵 1장
- 달걀 1개
- 대파(8cm) 1개
- 다진 마늘 1큰술
- 꿀 1/2큰술

Cooking

1. 대파는 송송 썬다.
2. 그릇에 송송 썬 대파와 다진 마늘, 꿀을 넣어 고루 섞는다.
3. 허니 갈릭 닭가슴살 구이는 손으로 가늘게 찢는다.
4. 접시 위에 식빵을 올리고 **2**를 골고루 바른다.
5. 식빵 가장자리에 가늘게 찢은 허니 갈릭 닭가슴살 구이를 올린다.

6. 식빵 가운데에 달걀을 터트려 올리고 이쑤시개로 노른자를 콕콕 찌른 뒤 전자레인지에서 3분간 돌려 익힌다.
   TIP 달걀노른자를 이쑤시개로 찔러두어야 전자레인지를 돌릴 때 노른자가 터지지 않아요.

7. 한 김 식힌 뒤 밀폐용기에 담거나 비닐랩으로 감싸 냉장 보관한다.
   TIP 토스트는 바로 섭취해도 좋지만 먹기 직전 전자레인지에 2분간 데워 먹으면 더 맛있어요.

허니 갈릭 치킨 갈레트

비타민과 철분이 풍부한 시금치로 만든 영양만점 갈레트예요.

보관법
- 냉장 3일 보관

섭취법
- 전자레인지에서 2분 30초
- 바로 섭취

Ingredients

- 허니 갈릭 닭가슴살 구이 1조각
- 달걀 3개
- 토마토 1/2개
- 시금치 한 줌(약 60g)
- 슬라이스 치즈 1장
- 올리브오일 1큰술
- 소금 한 꼬집

Cooking

1 믹서에 시금치와 달걀 2개, 소금을 넣고 곱게 간다.

2 토마토는 반달 모양으로 슬라이스한다.

3 허니 갈릭 닭가슴살 구이는 손으로 가늘게 찢는다.

4 올리브오일을 두르고 약불로 달군 팬에 **1**의 시금치 반죽을 붓고 얇게 편다.

5 시금치 반죽이 반 정도 익으면 가운데에 달걀 올릴 자리를 비워두고 토마토, 허니 갈릭 닭가슴살 구이, 잘게 찢은 슬라이스 치즈 순으로 올린다.

6 가운데에 달걀을 터트려 올리고 이쑤시개로 노른자를 콕콕 찌른다.

7 반죽의 가장자리 부분을 접고 뚜껑을 덮어 달걀이 익을 때까지 3~4분간 익힌다.

8 한 김 식혀 밀폐용기에 담거나 비닐랩으로 감싸 냉장 보관한다.

TIP 갈레트는 바로 섭취해도 좋지만 먹기 직전 전자레인지에 2분 30초간 데워 먹으면 더 맛있어요.

허니 갈릭 치킨 콘 샐러드

또띠아를 아이스크림 콘 모양으로 말아 닭가슴살 구이, 아보카도, 토마토로 만든 샐러드를 채웠어요.

보관법
- 냉동 보관
- 냉장 3일 보관

섭취법
- 전자레인지에서 2분 30초

Ingredients

- 허니 갈릭 닭가슴살 구이 1조각
- 통밀 또띠아(15cm) 2장
- 아보카도 1개
- 토마토 1개
- 양파 1/2개
- 피자 치즈 1/2컵
- 저지방 요거트 1큰술

Cooking

1. 또띠아는 반 잘라 아이스크림 콘 모양으로 말고 끄트머리를 이쑤시개로 찔러 고정시킨다.
2. 또띠아는 전자레인지에 2분간 돌려 익힌다.
3. 양파는 잘게 다진다.
4. 허니 갈릭 닭가슴살 구이, 토마토, 아보카도는 깍둑썰기 한다.
    TIP 아보카도 손질하는 법은 109쪽을 참고하세요.
5. 다진 양파와 저지방 요거트를 고루 섞어 요거트 소스를 만든다.
6. 깍둑 썬 닭가슴살과 토마토, 아보카도에 요거트 소스를 넣어 고루 섞는다.
7. 전자레인지 용기에 또띠아 콘을 넣고 **6**의 샐러드를 담은 뒤 피자 치즈를 올린다.
8. 전자레인지에 2분 30초간 돌려 치즈를 녹인다.
9. 한 김 식혀 밀폐용기에 담거나 비닐랩으로 감싸 냉동 또는 냉장 보관한다.
    TIP 콘 샐러드는 먹기 직전 전자레인지에 2분 30초간 데워 드세요(냉동 보관 시 데우기 전 해동 필요).

응용요리

Fri

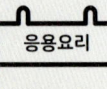

허니 갈릭 치킨 볶음밥

밥반찬으로도 좋은 허니 갈릭 닭가슴살 구이,
현미밥과 볶아 볶음밥을 만들어요.

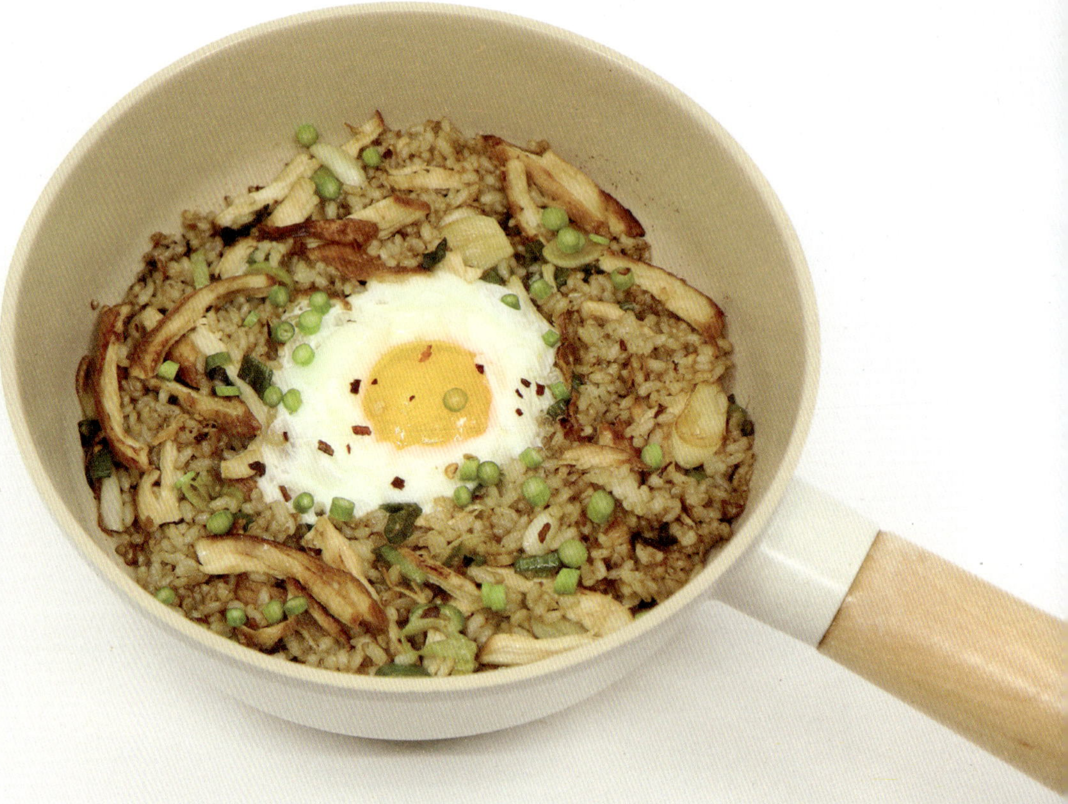

보관법

- 냉동 보관
- 냉장 5일 보관

섭취법

- 전자레인지에서 2분
- 바로 섭취

Ingredients

- 허니 갈릭 닭가슴살 구이 1조각
- 현미밥 또는 잡곡밥 1.5컵
- 달걀 1개
- 대파(8cm) 1개
- 마늘 4톨
- 간장 1큰술
- 올리브오일 1큰술

Cooking

1. 대파는 송송 썰고 마늘은 얇게 슬라이스한다.
2. 허니 갈릭 닭가슴살 구이는 손으로 가늘게 찢는다.

3. 올리브오일을 두르고 중불로 달군 팬에 대파와 마늘을 넣어 노릇해질 때까지 2분간 볶는다.
4. 팬에 현미밥, 가늘게 찢은 허니 갈릭 닭가슴살 구이, 간장을 넣어 잘 섞으며 2분 더 볶는다.
5. 볶음밥 가운데에 홈을 만들어 달걀을 깨 넣은 뒤 뚜껑을 덮고 약불로 줄여 3분 더 익힌다.
6. 한 김 식혀 밀폐용기에 담아 냉동 또는 냉장 보관한다.

   TIP 치킨 볶음밥은 바로 섭취해도 되지만 전자레인지에 2분간 데워 먹으면 더 맛있어요(냉동 보관 시 데우기 전 해동 필요).

2주차

돼지고기 간장 불고기로
일주일 밀프렙 만들기

다이어트할 때 돼지고기는 무조건 피해야 한다는 고정관념이 있는데
부위를 잘 골라 먹는다면 체중 감량에도 충분히 도움이 된답니다.
그중 돼지고기 앞다리살은 지방 함량이 높지 않고 단백질 함량이 높은 부위예요.
앞다리살로 간장 불고기를 만들어 5일치 든든한 밀프렙 식단을 준비해보세요.

Monday	Tuesday	Wednesday	Thursday	Friday

불고기 고구마 김밥	불고기 샌드위치	매콤 불고기 파스타	불고기 돈부리	카레 불고기 또띠아 롤

2주차 장보기

- 돼지 앞다리살 — 600g
- 달걀 — 1개
- 고구마(150g) — 1개
- 표고버섯 — 5개
- 당근 — 1개
- 양파 — 2.5개
- 대파(8cm) — 1개
- 파채 — 세 줌
- 깻잎 — 4장
- 치커리 — 한 줌
- 청양고추 — 4개
- 현미밥 또는 잡곡밥 — 1컵
- 김밥용 김 — 1장
- 통밀 파스타 — 1인분(100g)
- 통밀 식빵 — 2장
- 통밀 또띠아(15cm) — 1장
- 슬라이스 치즈 — 3장
- 저지방 우유 — 2컵

조미료
- 간장 — 1컵
- 고춧가루 — 2큰술
- 카레 가루 — 1큰술
- 알룰로스 — 4큰술
- 다진 마늘 — 2큰술
- 올리브오일 — 4큰술
- 후춧가루 — 한 꼬집

돼지고기 간장 불고기

표고버섯과 파채를 넣어 맛과 영양을 더한 돼지고기 간장 불고기예요.

Ingredients 5일치

- 돼지 앞다리살 600g
- 표고버섯 5개
- 양파 2개
- 파채 한 줌
- 청양고추 2개
- 간장 1컵
- 알룰로스 4큰술
- 고춧가루 2큰술
- 다진 마늘 2큰술
- 올리브오일 2큰술
- 후춧가루 한 꼬집

Cooking

1. 양파와 표고버섯은 얇게 슬라이스하고, 청양고추는 송송 썬다.
   TIP 청양고추는 생략 가능해도 좋아요.
2. 간장과 알룰로스, 고춧가루, 다진 마늘, 후춧가루를 한데 넣고 고루 섞어 불고기 양념을 만든다.
3. 다른 그릇에 돼지 앞다리살과 파채, 1의 채소, 불고기 양념을 넣고 버무린다.
   TIP 버무린 뒤 냉장고에서 1시간 정도 숙성시키면 고기에 양념이 배어 더 맛있어져요.
4. 올리브오일을 두른 팬을 센불에서 달군 뒤 양념한 불고기를 올리고 볶다가 국물이 절반 이상 졸아들면 약불로 낮춰 마저 익힌다.

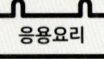

불고기 고구마 김밥

밥 대신 달콤한 고구마를 깔고 불고기와 당근, 치즈, 깻잎 등을 넣어 맛있는 김밥을 만들어요.

보관법
✓ 냉장 3일 보관

섭취법
✓ 바로 섭취

Ingredients

- 돼지 간장 불고기 1컵
- 고구마(150g) 1개
- 당근 1/2개
- 깻잎 4장
- 슬라이스 치즈 1장
- 김밥용 김 1장

3

Cooking

1. 고구마는 껍질을 벗겨 적당한 크기로 자른다.
   TIP 고구마가 너무 크면 잘 익지 않으니 한 입 크기로 잘라 넣으세요.

2. 전자레인지 용기에 자른 고구마와 물 5큰술을 넣고 전자레인지에서 4분간 돌린다. 고구마는 한 김 식힌 뒤 포크로 부드럽게 으깬다.

3. 당근은 껍질을 벗긴 뒤 스파이럴 라이저로 길게 채 썬다.
   TIP 스파이럴 라이저가 없다면 얇게 채 썰어 준비하세요.

4

4. 김밥발 위에 김밥용 김을 올리고 으깬 고구마를 얇게 편다.

5. 깻잎, 채 썬 당근, 불고기, 슬라이스 치즈 순으로 올리고 김밥발 아래 쪽을 잡아 만다.
   TIP 김 끄트머리에 물을 조금 묻히면 끝이 잘 달라 붙어요.

6. 밀폐용기에 담거나 쿠킹포일로 감싸 냉장 보관한다.
   TIP 김이 들어간 요리는 시간이 갈수록 수분을 먹어 눅눅해지고 비린 맛이 나기 때문에 빠른 시간 내 먹는 것이 가장 맛이 좋아요.

5

응용요리 Tue

불고기 샌드위치

식빵 위에 파채와 불고기를 올리고 종이포일을 돌돌 말아 준비하는 초간단 샌드위치예요.

보관법
- 냉동 보관
- 냉장 4일 보관

섭취법
- 전자레인지에서 1분 30초
- 바로 섭취

Ingredients

- 돼지 간장 불고기 1컵
- 통밀 식빵 2장
- 파채 한 줌

Cooking

1 종이포일은 통밀 식빵의 1.5배 크기로 잘라 준비한다.

2 종이포일 위에 통밀 식빵, 파채 반 줌, 불고기 1/2컵 순으로 올린다.

3 종이포일의 양쪽 끝을 잡고 사탕 모양으로 말아 마무리한다. **1~3** 과정을 한 번 더 반복해 샌드위치를 하나 더 만든다.

4 밀폐용기에 담아 냉동 또는 냉장 보관한다.

 불고기 샌드위치는 바로 섭취해도 좋지만 먹기 직전 전자레인지에 1분 30초간 돌려 먹으면 더 맛있어요(냉동 보관 시 데우기 전 해동 필요).

1

2

3

응용요리 Wed

매콤 불고기 **파스타**

크림 파스타 당길 때 딱 좋은 매콤한 불고기 파스타예요.

보관법
✓ 냉동 보관
✓ 냉장 3일 보관

섭취법
✓ 전자레인지에서 2분

Ingredients

- 돼지 간장 불고기 1컵
- 통밀 파스타 1인분(100g)
- 저지방 우유 2컵
- 슬라이스 치즈 1장
- 양파 1/2개
- 대파(8cm) 1개
- 청양고추 2개
- 올리브오일 1큰술

Cooking

1. 전자레인지 용기에 통밀 파스타와 물 2컵을 넣고 전자레인지에서 5분간 돌려 면을 익힌다.
   🔸 전자레인지 용기에 통밀 파스타가 다 들어가지 않는다면 파스타를 반으로 부러뜨려 넣으세요.
2. 양파는 얇게 슬라이스하고 대파와 청양고추는 송송 썬다.
3. 올리브오일을 두른 팬을 중불에 달군 뒤 양파와 대파, 청양고추를 2분간 볶는다.
4. 양파가 투명해지면 우유를 붓고 끓인다.
5. 우유가 끓어오르면 불고기와 슬라이스 치즈, 파스타를 넣고 뒤적여가며 졸인다.
6. 한 김 식혀 밀폐용기에 담고 냉동 또는 냉장 보관한다.
   🔸 불고기 파스타는 먹기 직전 전자레인지에서 2분간 데워 드세요(냉동 보관 시 데우기 전 해동 필요).

응용요리 Thu

불고기 돈부리

현미밥 위에 불고기와 파채, 달걀을 올리면
먹음직스러운 돈부리가 뚝딱 완성돼요.

보관법
- 냉동 보관
- 냉장 3일 보관

섭취법
- 전자레인지에서 4분

Ingredients

- 돼지 간장 불고기 1컵
- 현미밥 또는 잡곡밥 1컵
- 달걀 1개
- 슬라이스 치즈 1장
- 파채 한 줌

Cooking

1 전자레인지용 밀폐용기에 현미밥을 담는다.

2 밥 위에 잘게 찢은 슬라이스 치즈, 파채, 불고기 순으로 올린다.

3 가운데에 홈을 파 달걀을 올리고 이쑤시개로 노른자를 콕콕 찌른다.
   TIP 이쑤시개로 달걀노른자를 찔러둬야 전자레인지에서 익힐 때 노른자가 터지지 않아요.

4 전자레인지에 넣고 달걀흰자가 익을 때까지 2~3분 정도 돌린다.

5 한 김 식힌 뒤 뚜껑을 닫아 냉동 또는 냉장 보관한다.
   TIP 불고기 돈부리는 먹기 직전 전자레인지에 4분간 데워 드세요.

응용요리 Fri

카레 불고기 또띠아 롤

카레 가루를 더해 색다른 맛을 낸 불고기 또띠아 롤이에요.

보관법
- 냉동 보관
- 냉장 4일 보관

섭취법
- 전자레인지에서 1분 30초
- 바로 섭취

Ingredients

- 돼지 간장 불고기 1컵
- 통밀 또띠아(15cm) 1장
- 당근 1/2개
- 치커리 한 줌
- 카레 가루 1큰술
- 올리브오일 1큰술
- 물 2큰술

Cooking

1 그릇에 카레 가루와 물을 넣고 뭉친 곳이 없게 개어둔다.

2 중불로 달군 팬에 올리브오일을 두르고 불고기와 **1**의 카레물을 넣고 양념이 잘 밸 때까지 2분간 볶는다.

3 당근은 껍질을 벗겨 스파이럴 라이저로 길게 채 썬다.
🔸 스파이럴 라이저가 없다면 얇게 채 썰어 준비하세요.

4 비닐랩 또는 종이포일을 깔고 또띠아를 올린다.

5 또띠아 위에 치커리, 채 썬 당근, 불고기 순으로 올린 뒤 또띠아의 끝을 잡고 돌돌 만다.

6 비닐랩 또는 종이포일로 감싸 냉동 또는 냉장 보관한다.
🔸 불고기 또띠아는 바로 섭취해도 좋지만 먹기 직전 전자레인지에 1분 30초간 데워 먹으면 더 맛있어요(냉동 보관 시 데우기 전 해동 필요).

3주차

칠리소스 새우볶음으로
일주일 밀프렙 만들기

단백질과 칼슘, 비타민 B군이 풍부하고 지방 함량은 적은 새우를
매콤한 칠리소스로 볶아 일주일 밀프렙 도시락을 준비해보세요.
이 주에서는 반미, 팟타이, 짜조 등 동남아풍 요리가 가득해 외식하는 것처럼
즐겁게 식단을 실천할 수 있을 거예요.

Monday

칠리새우 또띠아 롤

Tuesday

칠리새우 반미

Wednesday

칠리새우 두부면 팟타이

Thursday

칠리새우 오트밀 오므라이스

Friday

칠리새우 감자 짜조

3주차 장보기

- 생칵테일새우 — 400g
- 달걀 — 6개
- 아보카도 — 1개
- 양배추 — 3/4통
- 감자 — 1개
- 양파 — 2개
- 루꼴라 또는 고수 — 한 줌
- 시금치 — 3~5장
- 청양고추 — 1개
- 마늘 — 2톨
- 다진 견과류 — 2.5큰술
- 오트밀 — 1컵
- 두부면(100g) — 1개
- 반미 바게트 — 1개
- 현미 라이스페이퍼(16cm) — 5장
- 통밀 또띠아(15cm) — 1장
- 슬라이스 치즈 — 1장
- 김자반 — 1/2컵
- 페퍼론치노 — 1큰술

조미료
- 간장 — 1큰술
- 무설탕 케첩 — 4큰술
- 식물성 마요네즈 — 1큰술
- 식초 — 1큰술
- 고춧가루 — 3큰술
- 알룰로스 — 4큰술
- 다진 마늘 — 2큰술
- 올리브오일 — 4큰술
- 참기름 — 1/2큰술
- 소금 — 두 꼬집
- 후춧가루 — 한 꼬집

칠리소스 새우볶음

무설탕 케첩과 고춧가루, 알룰로스로 만드는 간단하지만 맛있는 새우볶음이에요.

Ingredients 5일치

- 생칵테일새우 400g
- 양파 1개
- 마늘 2톨
- 다진 견과류 1큰술
- 무설탕 케첩 4큰술
- 알룰로스 3큰술
- 고춧가루 2큰술
- 다진 마늘 1큰술
- 올리브오일 1큰술
- 소금 한 꼬집
- 물 5큰술

Cooking

1. 양파는 얇게 슬라이스하고, 마늘은 편으로 썬다.
2. 무설탕 케첩, 고춧가루, 알룰로스, 다진 마늘, 소금, 물을 한데 넣고 고루 섞어 칠리소스를 만든다.
3. 올리브오일을 두른 팬에 새우와 양파, 마늘을 넣고 센불에서 2분간 볶는다.
4. 새우가 붉게 변하면 중불로 낮추고 칠리소스를 넣어 고루 뒤적여가며 3~4분간 더 볶는다.
5. 불에서 내린 뒤 다진 견과류를 뿌린다.

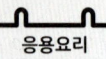
응용요리 Mon

칠리새우 또띠아 롤

아보카도, 양배추 등 채소를 듬뿍 넣은 칠리새우 또띠아 롤이에요.

보관법
✓ 냉장 3일 보관

섭취법
✓ 바로 섭취

Ingredients
- 칠리새우 1/2컵
- 달걀 2개
- 통밀 또띠아(15cm) 1장
- 아보카도 1/2개
- 양배추 1/4통
- 양파 1/2개
- 식물성 마요네즈 1큰술

Cooking
1. 양파는 얇게 슬라이스하고, 양배추는 가늘게 채 썬다.
2. 끓는 물에 달걀을 넣고 8분간 삶은 뒤 껍질을 벗겨 포크로 부드럽게 으깬다.
3. 으깬 달걀에 채 썬 양배추와 양파, 아보카도, 식물성 마요네즈를 넣고 잘 섞는다.
   TIP 아보카도 손질법은 109쪽을 참고하세요.
4. 비닐랩 위에 또띠아를 깔고 3과 칠리새우를 올린다.
5. 또띠아의 끄트머리를 잡고 김밥 말듯이 돌돌 만다.
6. 비닐랩으로 감싸 냉장 보관한다.

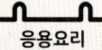

칠리새우 반미

칠리새우로 베트남식 샌드위치 반미를 만들어보세요.

보관법
✓ 냉장 3일 보관

섭취법
✓ 바로 섭취

Ingredients

- 칠리새우 1/2컵
- 반미 바게트 1개
- 달걀 2개
- 아보카도 1/2개
- 고수 또는 루꼴라 한 줌
- 슬라이스 치즈 1장
- 소금 한 꼬집
- 후춧가루 한 꼬집

Cooking

1 끓는 물에 달걀을 넣고 8분간 삶은 뒤 껍질을 벗긴다.

2 그릇에 삶은 달걀과 아보카도를 넣고 포크로 부드럽게 으깬 뒤 소금과 후춧가루로 간한다.
   TIP 아보카도 손질법은 109쪽을 참고하세요.

3 반미 바게트 가운데에 칼집을 넣어 끄트머리 1cm 정도 남겨두고 반 자른다.

4 기름을 두르지 않은 팬에 바게트를 올리고 약불에서 살짝 굽는다.

5 바게트 속에 고수를 넣는다.

6 고수 위에 잘게 찢은 슬라이스 치즈, 2의 스프레드, 칠리새우 순으로 올린다.

7 비닐랩이나 종이포일로 감싼 뒤 냉장 보관한다.

응용요리 Wed

칠리새우 **두부면 팟타이**

매콤새콤한 칠리새우는 두부면과 함께 팟타이로 만들어도 맛있어요.

보관법
- ✓ 냉동 보관
- ✓ 냉장 4일 보관

섭취법
- ✓ 전자레인지에서 2분 30초
- ✓ 바로 섭취

Ingredients

- 칠리새우 1/2컵
- 두부면(100g) 1개
- 양배추 1/4통
- 양파 1/2개
- 청양고추 1개
- 다진 마늘 1큰술
- 다진 견과류 1.5큰술
- 페퍼론치노 1큰술
- 간장 1큰술
- 알룰로스 1큰술
- 올리브오일 2큰술
- 물 1큰술

Cooking

1. 따뜻한 물에 두부면을 넣고 5분 동안 불린다.
2. 양배추과 양파는 얇게 슬라이스하고 청양고추는 송송 썬다.
3. 다진 마늘, 간장, 알룰로스, 페퍼론치노, 물을 한데 넣고 고루 섞어 소스를 만든다.
4. 올리브오일을 두르고 중불로 달군 팬에 두부면과 양파, 청양고추, 소스를 넣고 3분간 볶는다.
5. 소스가 절반 정도 줄면 양배추와 칠리새우, 다진 견과류를 넣고 양배추의 아삭함이 사라지지 않을 정도로 1분간 볶는다.
6. 한 김 식혀 밀폐용기에 넣고 냉동 또는 냉장 보관한다.

TIP 두부면 팟타이는 바로 섭취해도 좋지만 먹기 직전 전자레인지에 2분 30초간 먹으면 더 맛있어요(냉동 보관 시 데우기 전 해동 필요).

칠리새우 오트밀 오므라이스

시금치와 달걀로 만든 오므라이스. 무설탕 케첩을 곁들여 먹으면 더 맛있어요.

보관법
- 냉동 보관
- 냉장 4일 보관

섭취법
- 전자레인지에서 2분
- 바로 섭취

Ingredients

- 칠리새우 1/2컵
- 오트밀 1컵
- 달걀 2개
- 시금치 3~5장
- 김자반 1/2컵
- 올리브오일 1큰술
- 참기름 1/2큰술
- 물 1.5컵

Cooking

1 그릇에 오트밀과 따뜻한 물을 넣고 10분 정도 불린다.

2 불린 오트밀에 칠리새우, 김자반, 참기름를 넣고 섞는다.

3 달걀은 곱게 풀어 둔다.

4 올리브오일을 두른 팬을 중불에서 달군 뒤 달걀물을 붓고 시금치를 올려 부친다.

5 달걀이 80% 정도 익으면 **2**의 오트밀을 달걀 절반 위에 올려 감싸고 앞뒤로 뒤집어 30초씩 더 익힌다.

6 한 김 식힌 뒤 밀폐용기에 담아 냉동 또는 냉장 보관한다.

TIP 오트밀 오므라이스는 바로 섭취해도 좋지만 먹기 직전 전자레인지에 2분간 데워 먹으면 더 맛있어요(냉동 보관 시 데우기 전 해동 필요).

응용요리 Fri

칠리새우 감자 짜조

칠리새우를 라이스페이퍼로 돌돌 말아 베트남식 만두 짜조를 만들어봐요.

보관법
- 냉동 보관
- 냉장 4일 보관

섭취법
- 에어프라이어 160도에서 5분
- 바로 섭취

Ingredients

- 칠리새우 1/2컵
- 감자 1개
- 양배추 1/4통
- 현미 라이스페이퍼(16cm) 5장
- 고춧가루 1큰술
- 식초 1큰술

Cooking

1 감자는 껍질을 벗겨 깍둑썰기 하고, 양배추도 비슷한 크기로 깍둑썰기 한다.

2 전자레인지 용기에 감자와 물 5큰술을 넣고 전자레인지에서 4분간 돌려 익힌다. 삶은 감자는 포크로 부드럽게 으깬다.

3 또 다른 그릇에 깍둑썰기 한 양배추와 고춧가루, 식초를 넣고 버무린다.

4 넓은 접시에 따뜻한 물을 담고 라이스페이퍼를 한 장씩 담가 불린다.

5 불린 라이스페이퍼 위에 으깬 감자, 칠리새우, 양념한 양배추를 올린다.

6 라이스페이퍼의 사방을 접어 잘 감싼다.

7 160도의 에어프라이어에서 15분간 굽고 뒤집어서 10분 더 굽는다.

> **TIP** 프라이팬을 사용할 때는 올리브오일을 1큰술 두르고 약불에서 서서히 노릇노릇하게 구우세요.

8 한 김 식혀 밀폐용기에 담고 냉동 또는 냉장 보관한다.

> **TIP** 감자 짜조는 바로 섭취해도 좋지만 160도의 에어프라이어에서 5분간 데워 먹으면 더 맛있어요(냉동 보관 시 데우기 전 해동 필요).

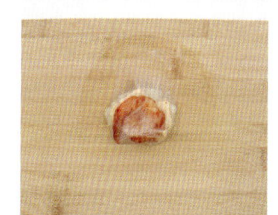

4·5·6주차
라이트한 레시피로
체중 감량에 속도 내기

4주차부터는 다이어트에 속도를 내볼까요?
체중 감량 효과를 빠르게 누릴 수 있도록 두부,
닭가슴살햄, 통조림 참치 등을 사용해 조금 더
타이트한 저칼로리 밀프렙 도시락을 만들어볼
거예요. 맛 없을까 봐 걱정이라고요? 조금은
심심할 수 있는 메인 요리를 덮밥, 샌드위치,
피자 등으로 다채롭게 재탄생시켜 오히려 맛을
보면 놀랄 거예요.

4주차

두부구이로
일주일 밀프렙 만들기

고단백 저칼로리 식품으로 다이어트 요리에 빼놓을 수 없는 두부.
두부를 에어프라이어에 통으로 구워 다양한 밀프렙 식단을 만들어보세요.
두부를 넣은 콥 샐러드, 타코, 덮밥, 캐비지 롤, 그라탕까지…
담백하고 고소한 두부의 맛에 푹 빠질 거예요.

Monday	Tuesday	Wednesday	Thursday	Friday

흑임자소스 콥 샐러드	두부 타코	두부 강정 덮밥	두부 캐비지 롤	두부 김치 그라탕

4주차 장보기

○ 두부(300g) ··············· 5모
○ 돼지 목살 ··············· 200g
○ 달걀 ······················· 3개
○ 고구마(150g) ············ 1개
○ 양배추 ···················· 1/2통
○ 오이 ······················· 2개
○ 토마토 ···················· 1개
○ 양파 ······················· 2개
○ 대파(8cm) ··············· 2개
○ 현미밥 또는 잡곡밥 ··· 1.5컵
○ 오트밀 ···················· 1컵
○ 김치 ······················· 1/2컵
○ 통밀 또띠아(15cm) ···· 2장
○ 피자 치즈 ················ 1/2컵
○ 슬라이스 치즈 ·········· 5장
○ 저지방 요거트 ·········· 3큰술

조미료
○ 무설탕 고추장 ·········· 1/2큰술
○ 간장 ······················· 1큰술
○ 무설탕 케첩 ············· 2큰술
○ 식물성 마요네즈 ······· 3큰술
○ 알룰로스 ················· 2큰술
○ 꿀 ·························· 1.5큰술
○ 식초 ······················· 1/3큰술
○ 고춧가루 ················· 1/2큰술
○ 검은깨 또는 흑임자 퀴이크 ··· 1큰술
○ 올리브오일 ·············· 8큰술
○ 다진 마늘 ················ 3.5큰술
○ 다진 양파 ················ 1큰술
○ 소금 ······················· 한 꼬집

두부구이

Main dish

SNS 인기 레시피였던 통두부구이에 마요네즈, 마늘, 치즈, 꿀을 더해 풍미를 높였어요.

Ingredients 5일치

- 두부(300g) 5모
- 슬라이스 치즈 5장
- 식물성 마요네즈 3큰술
- 다진 마늘 3큰술
- 꿀 1큰술
- 올리브오일 5큰술

Cooking

1. 두부는 키친타월로 사방의 물기를 닦아낸 뒤 새 키친타월 위에 10분간 올려 물기를 뺀다.

2. 물기를 뺀 두부는 아래 1cm 정도를 남기고 격자 모양으로 깊게 칼집을 낸다.
   TIP 두부 양옆에 튀김용 나무젓가락을 놓고 썰면 균일하게 칼집을 낼 수 있어요.

3. 종이포일을 깔고 두부 1모를 올린 뒤 두부 윗면에 올리브오일 1큰술을 골고루 바른다.

4. 200도의 에어프라이어에서 20분간 굽는다.
   TIP 에어프라이어 바스켓에 남은 공간이 있다면 한 번에 2모씩 올려 구우면 조리시간을 줄일 수 있어요. 여러 모씩 구울 때는 에어프라이어 조리시간을 조금씩 더 늘려주세요.

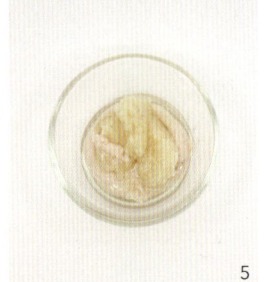

5. 두부가 구워지는 동안 그릇에 식물성 마요네즈와 다진 마늘, 꿀을 섞어 갈릭마요 소스를 만든다.

6. 구운 두부 위에 갈릭마요 소스를 바르고 180도에서 10분간 더 굽는다.

7. 두부가 뜨거울 때 슬라이스 치즈 한 장을 올려 녹인다.

PLUS RECIPE 두부 인절미

재료: 두부구이 1모, 콩가루 3큰술, 꿀 1큰술

1. 두부구이 조리과정 7에서 치즈를 올리지 말고 두부의 칼집 모양을 따라 깍둑썰기 한다.
2. 위생봉투에 구운 두부와 꿀을 넣고 두부에 꿀이 잘 묻도록 흔든다.
3. 2에 콩가루를 넣고 위생봉투를 흔들어 콩가루를 고루 묻힌다.

응용요리 Mon

흑임자소스 콥 샐러드

두부구이와 삶은 달걀, 고구마, 오이를 네모지게 썰어
고소한 흑임자소스 콥 샐러드를 준비해보세요.

보관법
✓ 냉장 3일 보관

섭취법
✓ 바로 섭취

Ingredients

- 두부구이 1모
- 달걀 1개
- 고구마(150g) 1개
- 오이 1개
- 저지방 요거트 2큰술
- 검은깨 또는 흑임자 퀘이크 1큰술

2

Cooking

1. 냄비에 달걀과 물을 넣고 센불에서 8분간 삶아 껍질을 벗긴다.
2. 두부구이와 고구마, 오이, 삶은 달걀은 사방 1cm 크기로 깍둑썰기 한다.
3. 전자레인지 용기에 깍둑 썬 고구마와 물 5큰술을 넣고 전자레인지에서 4분간 돌려 익힌다.
4. 저지방 요거트와 검은깨를 고루 섞어 소스를 만든다.
5. 밀폐용기에 깍둑 썬 두부, 고구마, 오이, 달걀을 담고 흑임자소스도 다른 밀폐용기에 옮겨 담아 냉장 보관한다.

   TIP 콥 샐러드는 먹기 직전 흑임자소스를 뿌려 잘 섞어 드세요.

4

5

응용요리 Tue — 두부 **타코**

구운 두부, 토마토, 오이, 양파 등 다양한 재료가 조화로운 맛을 내는 담백한 타코예요.

보관법
✓ 냉장 3일 보관

섭취법
✓ 바로 섭취

Ingredients

- 두부구이 1모
- 달걀 2개
- 토마토 1개
- 오이 1개
- 양파 1개
- 통밀 또띠아(15cm) 2장
- 간장 1/2큰술
- 식초 1/3큰술
- 꿀 1/2큰술
- 올리브오일 1큰술
- 소금 한 꼬집

Cooking

1 두부구이와 오이, 양파, 토마토는 사방 1cm 크기로 깍둑썰기 한다.

2 달걀을 곱게 풀어 올리브오일을 두르고 약불로 달군 팬에 부어 살짝 익힌다.

3 달걀 윗면이 완전히 익기 전에 또띠아를 올린다. 또띠아가 달걀에 잘 붙으면 앞뒤로 한 번씩 뒤집어 달걀 면과 또띠아 면을 골고루 굽는다.

4 간장, 꿀, 식초, 소금을 한데 넣어 소금이 녹을 때까지 잘 섞는다.

5 **4**에 **1**의 깍둑 썬 재료를 넣어 섞어 타코 소를 만든다.
   🟢 **TIP** 재료를 섞을 때 두부와 토마토가 너무 으깨지지 않도록 주의하세요.

6 비닐랩이나 종이포일 위에 또띠아의 달걀 면이 위로 오도록 올리고 타코 소를 넣은 뒤 양옆을 접어 돌돌 만다.

7 비닐랩이나 종이포일로 타코를 감싸 밀봉한 뒤 냉장 보관한다.

두부 강정 덮밥

응용요리 Wed

구운 두부로 만든 새콤달콤매콤한 덮밥이에요.

보관법
- 냉장 4일 보관
- 냉동 보관

섭취법
- 전자레인지에서 4분 30초

Ingredients

- 두부구이 1모
- 현미밥 또는 잡곡밥 1.5컵
- 양파 1/2개
- 무설탕 케첩 2큰술
- 알룰로스 2큰술
- 무설탕 고추장 1/2큰술
- 간장 1/2큰술
- 고춧가루 1/2큰술
- 다진 마늘 1/2큰술
- 물 1큰술

Cooking

1 두부구이는 칼집을 따라 깍둑썰기 하고, 양파는 얇게 채 썬다.

2 무설탕 케첩, 알룰로스, 무설탕 고추장, 간장, 고춧가루, 다진 마늘, 물을 한데 넣고 고루 섞는다.

3 팬에 **2**의 양념을 넣고 약불에서 2분간 타지 않도록 저으며 바글바글 끓인다.

4 양념에 수분이 날아가 살짝 되직해지면 구운 두부와 채 썬 양파를 넣고 양념이 충분히 밸 때까지 3~5분간 볶는다.

5 밀폐용기에 현미밥을 깔고 두부 강정을 올린 뒤 한 김 식혀 냉장 또는 냉동 보관한다.

> TIP 두부 강정 덮밥은 먹기 직전 전자레인지에 4분 30초간 데워 드세요(냉동 보관 시 데우기 전 해동 필요).

> TIP 조리과정 4번 두부 강정 소스까지 만들어 냉장 보관해두었다가 먹기 직전 따뜻한 밥 위에 올리고 전자레인지에 돌려 데워 먹으면 더 맛있어요.

응용요리 Thu

두부 캐비지 롤

담백하고 든든하면서 소화도 잘 되는 캐비지 롤이에요.

보관법
- 냉장 4일 보관
- 냉동 보관

섭취법
- 전자레인지에서 2분 30초

Ingredients

- 두부구이 1모
- 돼지 목살 200g
- 양배추 1/2통
- 양파 1/2개
- 대파(8cm) 1개
- 저지방 요거트 1큰술
- 다진 양파 1큰술
- 올리브오일 1큰술

Cooking

1. 두부구이는 칼집대로 깍둑썰기 하고, 양파와 대파는 길게 채 썬다. 돼지 목살은 두부와 비슷한 크기로 자른다.
2. 양배추는 한 잎씩 뜯어 전자레인지용 찜기 위에 올리고 체에 받쳐 7분 30초간 찐다.
   🆃🅸🅿 전자레인지용 찜기가 없다면 전자레인지 용기에 양배추를 넣고 비닐랩을 씌운 뒤 젓가락으로 구멍 2~3개를 낸 다음 전자레인지에 돌리세요.

3. 찐 양배추 위에 **1**의 채 썬 채소와 돼지고기, 구운 두부를 올린다.
4. 양배추의 양옆 가장자리를 접고 돌돌 만다.
5. 올리브오일을 두르고 약불로 달군 팬에 캐비지 롤을 올리고 뚜껑을 덮어 10분간 굽는다.
   🆃🅸🅿 160도 에어프라이어에서 5분간 굽고 뒤집어서 10분 더 구워도 좋아요.

6. 저지방 요거트와 다진 양파를 섞어 요거트 소스를 만든다.
7. 캐비지 롤은 한 김 식혀 밀폐용기에 담고 소스도 다른 밀폐용기에 담아 냉장 또는 냉동 보관한다.
   🆃🅸🅿 캐비지 롤은 먹기 직전 전자레인지에 2분 30초간 데운 뒤 요거트 소스와 곁들어 드세요(냉동 보관 시 데우기 전 해동 필요).

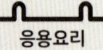

응용요리 **두부 김치 그라탕**

두부와 김치의 조합은 실패하지 않죠.
여기에 고소한 피자 치즈를 올려 그라탕을 만들었어요.

보관법
✓ 냉동 보관
✓ 냉장 4일 보관

섭취법
✓ 전자레인지에서 4분 30초

Ingredients

- 두부구이 1모
- 김치 1/2컵
- 오트밀 1컵
- 피자 치즈 1/2컵
- 대파(8cm) 1개
- 올리브오일 1큰술
- 물 1.5컵

Cooking

1. 그릇에 오트밀과 따뜻한 물을 넣고 10분 이상 불린다.
2. 김치는 잘게 썰고, 대파는 송송 썬다. 두부구이는 칼집대로 깍둑썰기 한다.
3. 올리브오일을 두르고 센불에서 달군 팬에 김치와 대파를 넣고 1분간 살짝 볶는다.
4. 중불로 낮춘 뒤 구운 두부를 넣고 3분간 볶는다.
5. 밀폐용기에 불린 오트밀을 넣고 그 위에 **4**의 두부 김치 볶음을 올린다.
6. 피자 치즈를 골고루 뿌려 냉동 또는 냉장 보관한 뒤 먹기 직전 전자레인지에서 치즈가 녹을 때까지 4분 30초간 데워 먹는다.

닭가슴살햄 스크램블 에그로
일주일 밀프렙 만들기

매일 생닭가슴살 같은 식재료만 먹다 보면 쉽게 물려 다이어트를 포기하기 마련이죠.
최근 닭가슴살로 만든 다양한 가공육 제품들이 많이 나오고 있어요.
이러한 제품들을 적절히 이용하면 식이요법을 꾸준히 이어나가는 데 도움을 받을 수 있답니다.
5주차에서는 닭가슴살햄을 이용한 저칼로리 밀프렙 식단을 알려드릴게요.

Monday
햄 에그 샐러드 샌드위치

Tuesday
햄 에그 마요 덮밥

Wednesday
햄 에그 두부면 파스타

Thursday
햄 에그 오트밀 카레

Friday
햄 에그 또띠아 피자

5주차 장보기

- 닭가슴살햄(200g) ········ 2캔
- 달걀 ········ 5개
- 당근 ········ 1/2개
- 양파 ········ 3개
- 대파(8cm) ········ 1개
- 양상추 ········ 한 줌
- 청양고추 ········ 1개
- 토마토 ········ 3개
- 통밀 또띠아(15cm) ········ 1장
- 현미밥 또는 잡곡밥 ········ 1.5컵
- 오트밀 ········ 1컵
- 통밀 식빵 ········ 2개
- 두부면(100g) ········ 1개
- 피자 치즈 ········ 1컵
- 슬라이스 치즈 ········ 3장

조미료
- 간장 ········ 1큰술
- 무설탕 케첩 ········ 1큰술
- 식물성 마요네즈 ········ 1큰술
- 홀그레인 머스터드 ········ 1큰술
- 카레 가루 ········ 2큰술
- 참기름 ········ 1/2큰술
- 올리브오일 ········ 4큰술
- 후춧가루 ········ 한 꼬집

메인요리 / Main dish

닭가슴살햄 스크램블 에그

저지방 닭가슴살햄과 달걀, 치즈로 든든한 스크럼블 에그를 만들었어요.

Ingredients 5일치

- 닭가슴살햄(200g) 2캔
- 달걀 5개
- 슬라이스 치즈 2장
- 대파(8cm) 1개
- 간장 1/2큰술
- 올리브오일 2큰술
- 후춧가루 한 꼬집

Cooking

1 닭가슴살햄은 깍둑썰기 하고 대파는 송송 썬다.

2 중불로 달군 팬에 올리브오일을 1큰술 두르고 닭가슴살햄과 대파를 넣고 햄과 대파가 노릇해질 때까지 3분 정도 볶는다.

3 닭가슴살과 대파가 적당히 익었으면 팬의 한쪽 구석으로 밀어두고 남은 공간에 올리브오일 1큰술을 더 두른 뒤 달걀을 올린다.

4 조리용 나무젓가락으로 달걀을 휘휘 저어 스크램블 에그를 만든다.

5 스크램블 에그가 다 익어 갈 때쯤 슬라이스 치즈와 간장, 후춧가루를 넣고 한 번 더 볶아 마무리한다.

1

3

5

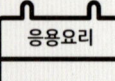

햄 에그 샐러드 샌드위치

닭가슴살햄 스크램블 에그에 채소를 듬뿍 넣어
가볍고 상큼한 샐러드 샌드위치를 만들어보세요.

보관법
✓ 냉장 3일 보관

섭취법
✓ 바로 섭취

Ingredients

- 닭가슴살햄 스크램블 에그 1컵
- 통밀 식빵 2장
- 슬라이스 치즈 1장
- 토마토 1개
- 당근 1/2개
- 양상추 한 줌
- 홀그레인 머스터드 1큰술

Cooking

1 토마토는 슬라이스하고 당근은 스파이럴 라이저로 길게 채 썬다.
   🅣🅘🅟 스파이럴 라이저가 없다면 채칼이나 칼로 얇게 채 썰어 준비해요.

2 그릇에 채 썬 당근과 홀그레인 머스터드를 넣고 고루 섞어 당근 라페를 만든다.

3 비닐랩 또는 종이포일을 깐 뒤 통밀 식빵을 올리고 양상추, 채 썬 당근, 닭가슴살햄 스크램블 에그, 토마토, 슬라이스 치즈, 남은 식빵 순으로 덮는다.

4 비닐랩이나 종이포일로 감싸 밀봉한 뒤 냉장 보관한다.

햄 에그 마요 덮밥

응용요리 Tue

닭가슴살햄 스크램블 에그 위에 식물성 마요네즈와
간장을 뿌려 감칠맛 나는 마요 덮밥을 만들어요.

보관법
- 냉장 4일 보관
- 냉동 보관

섭취법
- 전자레인지에서 4분

Ingredients

- 닭가슴살햄 스크램블 에그 1컵
- 현미밥 또는 잡곡밥 1.5컵
- 토마토 1개
- 양파 1개
- 식물성 마요네즈 1큰술
- 올리브오일 1큰술
- 간장 1/2큰술
- 참기름 1/2큰술

Cooking

1 토마토는 사방 1cm로 깍둑썰기 하고 양파는 얇게 채 썬다.

2 올리브오일을 두른 팬에 채 썬 양파를 넣고 센불에서 갈색이 될 때까지 5분간 볶는다.

3 밀폐용기에 현미밥과 간장, 참기름을 넣어 고루 섞는다.

4 밥 위에 볶은 양파와 닭가슴살햄 스크램블 에그, 깍둑 썬 토마토를 얹고 식물성 마요네즈를 뿌린다.

5 한 김 식혀 냉장 또는 냉동 보관한다.

TIP 햄 에그 마요 덮밥은 먹기 직전 전자레인지에 4분간 데워 드세요(냉동 보관 시 데우기 전 해동 필요). 조리과정 **2**의 양파 볶음과 스크램블 에그만 밀폐용기에 넣어 냉장 또는 냉동 보관해두었다가 당일 아침 나머지 재료를 추가해 전자레인지에 데워 먹으면 더 맛있어요.

응용요리 Wed

햄 에그 두부면 파스타

두부면과 토마토를 넣어 맛도 칼로리도 가벼운 파스타를 만들었어요.

보관법
- 냉장 4일 보관
- 냉동 보관

섭취법
- 전자레인지에서 3분
- 바로 섭취

Ingredients

- 닭가슴살햄 스크램블 에그 1컵
- 두부면(100g) 1개
- 토마토 1/2개
- 양파 1/2개
- 청양고추 1개
- 카레 가루 1큰술
- 올리브오일 1큰술
- 물 1/2컵

Cooking

1. 그릇에 따뜻한 물을 담아 두부면을 넣고 10분간 불린다. 불린 두부면은 체에 밭쳐 물기를 빼둔다.

2. 토마토는 사방 1cm로 깍둑썰기 하고 양파는 얇게 채 썬다. 청양고추는 송송 썬다.

3. 그릇에 카레 가루와 물을 넣고 뭉친 곳이 없도록 잘 섞는다.

4. 올리브오일을 두르고 중불로 달군 팬에 두부면, 양파, 청양고추, 토마토를 넣고 4분간 볶는다.

5. 양파가 투명해지면 닭가슴살햄 스크램블 에그와 **3**의 카레물을 넣고 수분이 날아갈 때까지 졸이듯 볶는다.

6. 한김 식혀 밀폐용기에 담고 냉장 또는 냉동 보관한다.

   TIP 파스타는 바로 섭취해도 좋지만 먹기 직전 전자레인지에 **3분간 데워 먹으면 더 맛있어요**(냉동 보관 시 데우기 전 해동 필요).

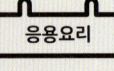

햄 에그 오트밀 카레

응용요리 Thu

닭가슴살햄 스크램블 에그와 오트밀로 만드는 초간단 카레라이스예요.

보관법
- 냉장 4일 보관
- 냉동 보관

섭취법
- 전자레인지에서 3분

Ingredients

- 닭가슴살햄 스크램블 에그 1컵
- 오트밀 1컵
- 양파 1/2개
- 피자 치즈 1/2컵
- 카레 가루 1큰술
- 물 1.5컵

Cooking

1. 양파는 잘게 다진다.
2. 전자레인지 용기에 오트밀과 다진 양파, 물, 카레 가루를 넣고 잘 섞어 전자레인지에 3분간 돌린다.
3. 밀폐용기에 **2**의 오트밀과 닭가슴살햄 스크램블 에그, 피자 치즈 순으로 올린다.
4. 한 김 식혀 냉동 또는 냉장 보관한 뒤 먹기 직전 전자레인지에서 치즈가 녹을 때까지 3분간 데워 먹는다.

응용요리 Fri
햄 에그 **또띠아 피자**

피자가 당기는 날 딱 좋은 가벼운 또띠아 피자예요.

보관법
- ✓ 냉동 보관
- ✓ 냉장 4일 보관

섭취법
- ✓ 전자레인지에서 2분 30초

Ingredients

- 닭가슴살햄 스크램블 에그 1컵
- 통밀 또띠아(15cm) 1장
- 토마토 1/2개
- 양파 1개
- 피자 치즈 1/2컵
- 무설탕 케첩 1큰술

Cooking

1 토마토는 사방 1cm 크기로 깍둑썰기 하고 양파는 얇게 채 썬다.

2 팬에 종이포일을 깔고 또띠아를 올린다.

3 또띠아 위에 무설탕 케첩을 넓게 펴 바른다.

4 케첩 위에 양파, 토마토, 닭가슴살햄 스크램블 에그, 피자 치즈 순으로 올린다.

5 뚜껑을 덮고 약불에서 4분간 익힌다.

 160도 에어프라이어에서 10분간 구워도 좋아요.

6 완성된 또띠아 피자는 한 김 식힌 뒤 적당한 크기로 잘라 비닐랩으로 감싸거나 밀폐용기에 담아 냉동 또는 냉장 보관한다.

 또띠아 피자는 먹기 직전 전자레인지에 2분 30초간 데워 드세요.

참치 오트밀 볼로 일주일 밀프렙 만들기

6주차에는 아미노산과 불포화지방산이 많이 함유된 참치 통조림과 식이섬유가 풍부한 오트밀로 간단하지만 맛있는 주먹밥을 만들어 일주일 밀프렙을 준비할 거예요. 만들기도 간단하고 활용도가 높아 다이어트 비상식량으로 준비해 두어도 좋은 메뉴랍니다.

Monday	Tuesday	Wednesday	Thursday	Friday

오트밀 파프리카 컵밥	아보카도 오트밀 유부초밥	오트밀 도우 샐러드 피자	참치 오트밀 간장계란밥	참치 오트밀 게살죽

6주차 장보기

- 통조림 참치(150g) ······ 3캔
- 오트밀 ······ 3컵
- 달걀 ······ 5개
- 크래미 ······ 2개
- 아보카도 ······ 1개
- 토마토 ······ 1/2개
- 양파 ······ 2개
- 파프리카 ······ 2개
- 냉동 채소 ······ 1컵
- 유부초밥 ······ 10장
- 김자반 ······ 1/2컵
- 피자 치즈 ······ 1컵

조미료

- 간장 ······ 1큰술
- 토마토소스 ······ 2큰술
- 카레 가루 ······ 1큰술
- 올리브오일 ······ 2큰술
- 참기름 ······ 1큰술
- 통깨 ······ 1/2큰술
- 소금 ······ 한 꼬집

참치 오트밀 볼

기름을 쫙 뺀 통조림 참치와 오트밀, 김자반을 넣고 동그랗게 빚으면 완성이에요.

Ingredients 5일치

• 통조림 참치(150g) 3캔
• 오트밀 3컵
• 김자반 1/2컵
• 물 2컵

Cooking

1 통조림 참치는 체에 밭쳐 기름을 빼둔다.

2 전자레인지 용기에 오트밀과 물을 넣고 고루 섞은 뒤 전자레인지에 넣고 3분간 돌려 익힌다.

3 그릇에 기름을 뺀 참치와 오트밀, 김자반을 넣어 섞는다.

4 3을 10등분으로 나눠 동그랗게 빚는다.

5 밀폐용기에 담아 냉장 보관한다. 냉동 보관할 때는 하나씩 비닐랩에 싸 보관한다.

3

4

5

오트밀 파프리카 컵밥

응용요리 Mon

파프리카를 그릇 삼아 참치 오트밀 볼과 달걀로 채운 귀여운 모양의 컵밥이에요.

보관법
- 냉장 3일 보관
- 냉동 보관

섭취법
- 전자레인지에서 4분
- 에어프라이어 160도에서 10분

Ingredients

- 참치 오트밀 볼 2개
- 달걀 2개
- 파프리카 2개
- 양파 1/2개
- 냉동 채소 1/2컵
- 피자 치즈 1/2컵
- 카레 가루 1큰술

Cooking

1. 양파는 잘게 다진다.
2. 파프리카는 꼭지 1cm 아래를 잘라 흰 심지와 씨를 제거한다.
3. 그릇에 오트밀 볼과 다진 양파, 냉동 채소, 카레 가루를 넣고 고루 섞는다.
4. 파프리카 속에 **3**을 채우고 그 위에 달걀을 하나씩 올린 뒤 피자 치즈를 뿌린다.
5. 180도의 에어프라이어에서 15분간 굽는다.
6. 한 김 식힌 뒤 밀폐용기에 옮겨 담아 냉장 또는 냉동 보관한다.

TIP 파프리카 컵밥은 전자레인지에서 4분간 데워 먹으면 더 맛있어요(냉동 보관 시 데우기 전 해동 필요). 160도의 에어프라이어에서 10분간 데워 먹어도 좋아요.

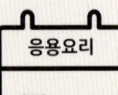

아보카도 오트밀 유부초밥

으깬 아보카도와 참치 오트밀 볼로 속을 채운 부드러운 식감의 유부초밥이에요.

보관법
- 냉장 4일 보관
- 냉동 보관

섭취법
- 바로 섭취

Ingredients

- 참치 오트밀 볼 2개
- 아보카도 1/2개
- 유부초밥 10장

Cooking

1 끓는 물에서 유부를 10초간 데친다. 데친 유부는 손으로 꼭 짜 물기를 없앤다.

2 아보카도는 씨까지 깊게 칼집을 낸 뒤 두 손으로 비틀어 반 자른다.

3 씨 부분을 칼로 내리쳐 빼내고, 과육과 껍질 사이에 숟가락을 넣어 과육을 파낸다.

4 아보카도는 부드럽게 으깬다.

5 으깬 아보카도에 참치 오트밀 볼을 넣고 고루 섞는다.

6 유부 속에 **3**의 소를 채운다.

7 밀폐용기에 담아 냉장 또는 냉동 보관한다.

  TIP 냉동 보관한 유부초밥은 충분히 해동시켜 드세요.

1

3

5

응용요리

Wed

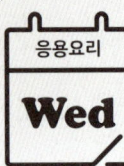

오트밀 도우 샐러드 피자

밥 피자처럼 오트밀 볼로 도우를 만든 샐러드 피자예요.

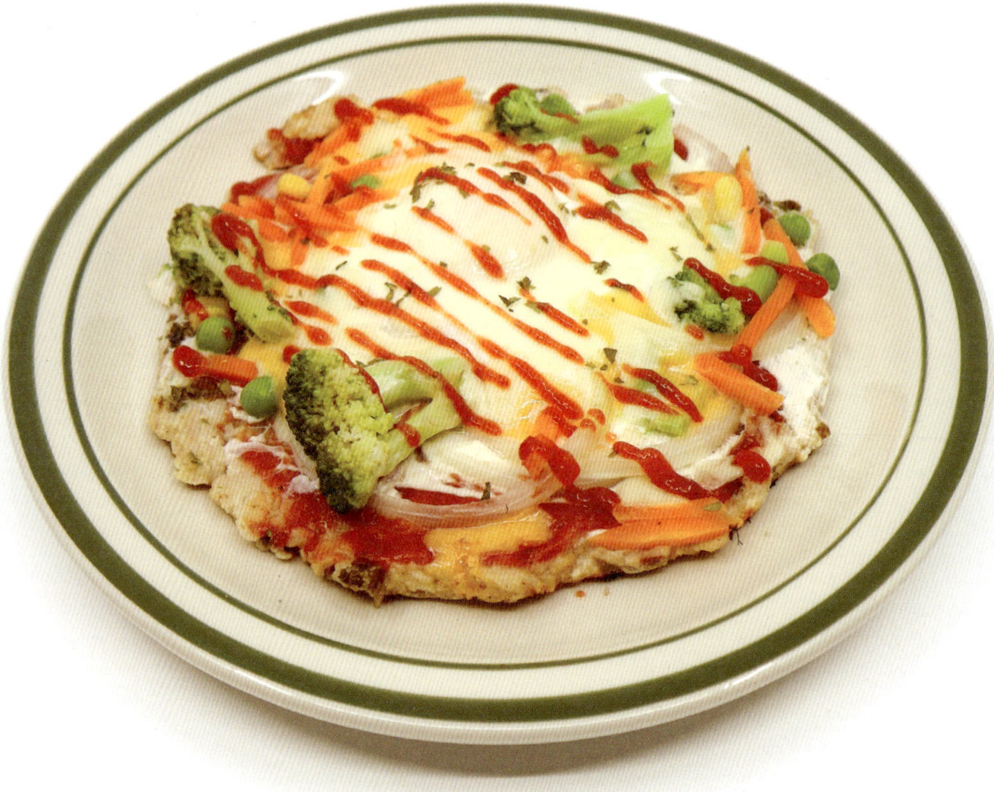

보관법

- 냉장 4일 보관
- 냉동 보관

섭취법

- 전자레인지에서 3분

Ingredients

- 참치 오트밀 볼 2개
- 달걀 1개
- 양파 1/2개
- 냉동 채소 1/2컵
- 피자 치즈 1/2컵
- 토마토소스 2큰술

Cooking

1. 양파는 얇게 채 썬다.
2. 종이포일을 깔고 참치 오트밀 볼을 얇게 펴 도우를 만든다.
3. 도우 윗면에 토마토소스를 넓게 펴 바른다.
4. 도우 위에 채 썬 양파, 달걀, 냉동 채소, 피자 치즈 순으로 토핑을 올린다.
5. 종이포일째 팬에 올린 뒤 뚜껑을 덮고 약불에서 3분 정도 익힌다.
6. 한김 식혀 밀폐용기에 담거나 비닐랩으로 감싸 냉장 및 냉동 보관한다.

    TIP 샐러드 피자는 먹기 직전 전자레인지에 3분간 데워 드세요(냉동 보관 시 데우기 전 해동 필요).

    TIP 스리라차 소스를 뿌려 먹으면 더 맛있어요.

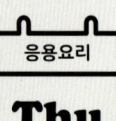

참치 오트밀 간장계란밥

참치 오트밀 볼에 아보카도, 달걀, 토마토를 넣어
언제 먹어도 맛있는 간장계란밥을 만들어봐요.

보관법
- 냉동 보관
- 냉장 4일 보관

섭취법
- 전자레인지에서 2분 30초
- 바로 섭취

Ingredients

- 참치 오트밀 볼 2개
- 달걀 1개
- 아보카도 1/2개
- 양파 1/2개
- 토마토 1/2개
- 간장 1큰술
- 올리브오일 1큰술

Cooking

1 아보카도와 양파, 토마토는 사방 1cm 크기로 깍둑썰기 한다.
   TIP 아보카도 손질법은 109쪽을 참고하세요.

2 그릇에 참치 오트밀 볼과 아보카도, 양파, 토마토, 간장을 넣고 고루 섞는다.

3 올리브오일을 두르고 약불로 달군 팬에 달걀을 올려 반숙으로 부친다.

4 밀폐용기에 2의 밥을 담고 달걀프라이를 올린다.

5 뚜껑을 닫아 냉동 또는 냉장 보관한다.
   TIP 간장계란밥은 바로 먹어도 좋지만 먹기 직전 전자레인지에 2분 30초간 데워 먹으면 더 맛있어요(냉동 보관 시 데우기 전 해동 필요).

응용요리 **Fri**

참치 오트밀 게살죽

잘게 찢은 크래미를 넣어 짭조름하고 부드러운 맛의 게살죽이에요.

보관법
- 냉동 보관
- 냉장 4일 보관

섭취법
- 전자레인지에서 2분 30초

Ingredients

- 참치 오트밀 볼 2개
- 크래미 2개
- 달걀 1개
- 양파 1/2개
- 올리브오일 1큰술
- 참기름 1큰술
- 소금 한 꼬집
- 통깨 1/2큰술
- 물 1컵

Cooking

1 크래미는 손으로 가늘게 찢고 양파는 얇게 채 썬다.

2 올리브오일을 두른 팬에 채 썬 양파를 넣고 센불에서 5분간 볶는다.

3 양파가 갈색으로 변하면 달걀과 소금, 물을 넣고 끓인다.

4 끓어 오르면 약불로 낮추고 참치 오트밀 볼과 크래미를 넣어 자작해질 때까지 3~5분간 더 끓인다.

5 한 김 식혀 밀폐용기에 담고 한 김 식혀 냉동 또는 냉장 보관한다.

🟢 **TIP** 참치 게살죽은 전자레인지에 2분 30초간 데우고 참기름과 통깨를 넣고 잘 섞어 드세요. 참기름과 통깨를 챙기기 번거롭다면 조리과정 4에서 불에서 내린 뒤 함께 섞어 밀폐용기에 담아요.

7·8·9주차

밀당 식단으로
정체기 극복하기

몸이 다이어트에 익숙해져 체중 변화가 더딘 시기입니다. 움직이지 않는 체중계에 지쳐 다이어트를 가장 많이 포기하는 시기이기도 하지요. 하지만 이때 식사량을 너무 줄이거나 초저칼로리 식단으로 바꾸면 일시적으로 체중은 줄지 몰라도 금방 요요가 오거나 장기적으로 다이어트를 유지할 수 없으니 절대 금물입니다. 이럴 때는 고단백식과 살짝 타이트한 저칼로리식을 격주로 시행하는 밀당 식단이 좋아요. 그래서 7~9주차에는 훈제오리 부추무침, 병아리콩 샐러드, 크림소스 버섯 볶음으로 만드는 밀프렙 식단을 준비했어요.

7주차

훈제오리 부추무침으로
일주일 밀프렙 만들기

7주차에는 맛있는 훈제오리고기로 밀프렙 식단을 준비해볼 거예요.
훈제오리고기는 단백질과 불포화지방산이 풍부해 다이어트에 좋은 식재료랍니다.
또한 필수아미노산이 풍부해 다이어트 기간 동안 지친 몸에 기운을 북돋아줄 거예요.

Monday

훈제오리 단호박 김밥

Tuesday

훈제오리 두부면 파스타

Wednesday

훈제오리 쫄면

Thursday

훈제오리 갈레트

Friday

훈제오리 김치 볶음밥

7주차 장보기

- 훈제오리 — 900g
- 달걀 — 3개
- 단호박(작은 것) — 1개
- 감자 — 2개
- 당근 — 1/2개
- 아보카도 — 1/2개
- 토마토 — 1개
- 오이 — 1.5개
- 양파 — 2.5개
- 부추 — 한 단
- 숙주 — 한 줌
- 깻잎 — 5장
- 김치 — 1/2컵
- 오트밀 — 1컵
- 김밥용 김 — 1장
- 두부면(100g) — 1개
- 라이트 누들(150g) — 1개

조미료

- 무설탕 고추장 — 1/2큰술
- 간장 — 3큰술
- 식초 — 4.5큰술
- 알룰로스 — 5큰술
- 고춧가루 — 1큰술
- 다진 마늘 — 3큰술
- 올리브오일 — 5.5큰술
- 통깨 — 1큰술
- 소금 — 두 꼬집
- 후춧가루 — 한 꼬집

훈제오리 부추무침

맛과 영양에서 최고의 궁합을 자랑하는 훈제오리와 부추로 샐러드를 만들어요.

Ingredients 5일치

- 훈제오리(슬라이스) 900g
- 부추 한 단
- 양파 2개
- 간장 3큰술
- 식초 3큰술
- 알룰로스 3큰술
- 다진 마늘 3큰술
- 올리브오일 1큰술

Cooking

1. 양파는 얇게 채 썰고 부추는 5cm 길이로 자른다.
2. 간장, 식초, 알룰로스, 다진 마늘, 올리브오일을 한데 넣고 골고루 섞어 양념을 만든다.
3. 채 썬 양파와 부추에 양념을 넣고 버무린다.
4. 160도의 에어프라이어에서 훈제오리를 넣고 15분 정도 굽는다.
   - TIP 슬라이스되지 않은 훈제오리는 0.5~0.7cm 두께로 썰어 구우세요.
   - TIP 에어프라이어가 없다면 기름을 두르지 않은 팬에 훈제오리를 올려 약불로 노릇노릇하게 구워요.
5. 구운 훈제오리를 3의 부추양파무침과 함께 버무린다.

훈제오리 단호박 김밥

훈제오리와 궁합이 잘 맞는 단호박으로 만든 달콤짭짤한 김밥이에요.

보관법

✓ 냉장 4일 보관

섭취법

✓ 바로 섭취

Ingredients

- 훈제오리 부추무침 1컵
- 단호박(작은 것) 1개
- 달걀 1개
- 오이 1개
- 김밥용 김 1장
- 올리브오일 1큰술
- 소금 한 꼬집

Cooking

1 전자레인지 용기에 깨끗이 씻은 단호박과 물 5큰술을 넣고 전자레인지에서 4분간 돌려 익힌다.

2 익힌 단호박은 충분히 식힌 뒤 씨를 파내고 껍질째 으깬다.

3 오이는 껍질째 깨끗이 씻어 5cm 길이로 얇게 채 썬다.

4 달걀과 소금을 넣고 곱게 푼 뒤 올리브오일을 두른 팬에 약불로 얇게 부쳐 달걀지단을 만든다.

5 달걀지단은 한김 식힌 뒤 가늘게 썬다.

6 김밥발 위에 김밥용 김을 올린 뒤 으깬 단호박을 얇게 깔고 채 썬 오이, 훈제오리 부추무침, 달걀지단 순으로 올려 김밥을 만다.

   TIP 김밥발과 김 사이에 비닐랩이나 종이포일을 올린 뒤 김밥을 썰지 않고 그대로 밀봉하면 김밥이 마르지 않고 오래 보관할 수 있어요.

7 먹기 좋은 크기로 썰어 밀폐용기에 담아 냉장 보관한다.
   TIP 김이 들어간 요리는 시간이 갈수록 수분을 먹어 눅눅해지고 비린 맛이 나기 때문에 빠른 시간 내 먹는 것이 가장 맛이 좋아요.

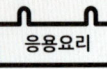

훈제오리 **두부면 파스타**

토마토를 통째로 으깨 넣은 상큼달콤한 콜드 파스타예요.

보관법
- 냉장 3일 보관
- 냉동 보관

섭취법
- 바로 섭취

Ingredients

- 훈제오리 부추무침 1컵
- 두부면(100g) 1개
- 토마토 1개
- 양파 1/2개
- 식초 1큰술
- 알룰로스 1큰술
- 올리브오일 2큰술
- 소금 한 꼬집
- 후춧가루 한 꼬집

Cooking

1 그릇에 따뜻한 물을 담아 두부면을 넣고 10분간 불린다. 불린 두부면은 체에 밭쳐 물기를 빼둔다.

2 양파는 잘게 다진다.
  TIP 만능 다지기(푸드 초퍼)가 있으면 편리해요. 다지기를 사용할 때는 양파를 큼지막하게 깍둑썰기 해 넣고 다지세요.

3 토마토는 아랫부분에 십자(+) 모양으로 칼집을 낸 뒤 끓는 물에 20초간 데친다. 데친 토마토는 차가운 물에 담가 식힌 뒤 껍질을 살살 밀어 벗겨낸다.

4 껍질 벗긴 토마토, 다진 양파, 식초, 알룰로스, 올리브오일, 소금, 후춧가루를 한데 넣고 섞는다.

5 훈제오리 부추무침과 불린 두부면을 마저 넣어 버무린다.

6 밀폐용기에 옮겨 담고 냉장 또는 냉동 보관한다.

훈제오리 쫄면

매콤달콤한 쫄면, 이제 저탄수화물 저칼로리 레시피로 즐겨요.

보관법
- 냉장 4일 보관

섭취법
- 바로 섭취

Ingredients

- 훈제오리 부추무침 1컵
- 라이트 누들(150g) 1개
- 달걀 1개
- 아보카도 1/2개
- 오이 1/2개
- 당근 1/2개
- 숙주 한 줌
- 깻잎 5장
- 무설탕 고추장 1/2큰술
- 식초 1/2큰술
- 고춧가루 1큰술
- 알룰로스 1큰술
- 통깨 1큰술

Cooking

1 냄비에 물과 달걀을 넣고 센불에서 8분간 삶은 뒤 껍질을 벗겨 반 자른다.

2 숙주는 흐르는 물에 깨끗이 씻은 뒤 끓는 물에 20초간 담가 살짝 데친다.

3 아보카도, 오이, 당근, 깻잎은 얇게 채 썬다.
   TIP 아보카도 손질법은 109쪽을 참고하세요.

4 무설탕 고추장, 식초, 고춧가루, 알룰로스, 통깨를 섞어 양념장을 만든다.

5 기름을 두르지 않은 팬에 라이트 누들을 넣고 수분이 날아갈 정도로 살짝 볶는다.

6 라이트 누들, 훈제오리 부추무침, 데친 숙주, **3**의 채소, 양념장을 한데 넣어 섞는다.
   TIP 양념장을 따로 보관한 뒤 먹기 직전 섞어 먹어도 좋아요.

7 밀폐용기에 옮겨 담고 냉장 보관한다.

훈제오리 갈레트

감자채와 훈제오리 부추무침으로 색다른 갈레트를 만들어봐요.

보관법
✓ 냉동 보관
✓ 냉장 5일 보관

섭취법
✓ 전자레인지에서 4분

Ingredients

- 훈제오리 부추무침 1컵
- 감자 2개
- 달걀 1개
- 올리브오일 1큰술

Cooking

1 감자는 껍질을 벗긴 뒤 채칼로 얇게 채 썬다.

2 채 썬 감자는 찬물에 5분간 담가 전분기를 뺀 뒤 키친타월로 눌러 물기를 제거한다.

3 달걀은 곱게 풀어 준비한다.

4 올리브오일을 두른 팬을 중불에서 달군 다음 채 썬 감자를 고르게 펼치고 달걀물을 부은 뒤 뚜껑을 덮어 4분간 익힌다.

5 감자채전 한쪽에 훈제오리 부추무침을 얇게 올린다.

6 감자가 찢어지지 않도록 조심하면서 반대편을 접어올려 반달 모양을 만든다.

7 한 김 식혀 밀폐용기에 옮긴 뒤 냉동 또는 냉장 보관한다.

TIP 갈레트는 먹기 직전 전자레인지에 4분간 데워 드세요(냉동 보관 시 데우기 전 해동 필요).

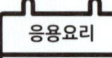

훈제오리 김치 볶음밥

오트밀이 들어가 식이섬유가 풍부한 김치 볶음밥이에요.

보관법
- 냉동 보관
- 냉장 5일 보관

섭취법
- 전자레인지에서 3분

Ingredients

- 훈제오리 부추 무침 1컵
- 오트밀 1컵
- 김치 1/2컵
- 올리브오일 1/2큰술
- 물 1컵

Cooking

1. 훈제오리 부추 무침과 김치는 잘게 썬다.
2. 전자레인지용 용기에 오트밀과 물을 섞은 뒤 전자레인지에서 3분간 돌려 불린다.
3. 올리브오일을 두르고 중불로 달군 팬에 채 썬 김치와 훈제오리 샐러드를 넣고 4분간 볶는다.
4. 김치가 익으면 불린 오트밀을 넣어 수분이 적당히 사라질 때까지 볶는다.
5. 한 김 식힌 뒤 밀폐용기에 옮겨 담고 냉동 또는 냉장 보관한다.

   TIP 김치 오트밀 볶음밥은 먹기 직전 전자레인지에 3분간 데워 드세요(냉동 보관 시 데우기 전 해동 필요).

병아리콩 에그 샐러드로 일주일 밀프렙 만들기

병아리콩Chickpea은 단백질, 미네랄, 비타민, 식이섬유 함량이 모두 높아
슈퍼 푸드라고 불려요. 영양 성분만 봐도 다이어트에 좋은 건 당연하겠죠?
8주차에서는 병아리콩과 달걀로 부드럽고 고소한 샐러드를 만들고,
이를 활용한 일주일 밀프렙 식단을 알려드릴게요.

Monday

병아리콩 달걀말이 김밥

Tuesday

병아리콩 콥 샐러드

Wednesday

병아리콩 너트 샌드위치

Thursday

병아리콩 에그 고로케

Friday

병아리콩 치즈 유부구이

8주차 장보기

- 병아리콩 3컵
- 달걀 6개
- 당근 1/2개
- 양파 1/2개
- 파프리카 1개
- 래디시 1개
- 잎채소 .... 한 줌
- 아몬드 1/2컵
- 방울토마토 6개
- 모닝빵 3개
- 김밥용 김 1장
- 유부초밥 10장
- 피자 치즈 1컵
- 저지방 요거트 4큰술
- 통조림 옥수수 2컵

조미료
- 꿀 2큰술
- 홀그레인 머스터드 2큰술
- 올리브오일 1큰술
- 소금 .... 두 꼬집

병아리콩 에그 샐러드

병아리콩과 달걀을 으깨 부드럽고 고소한 샐러드를 만들어보세요.

Ingredients 5일치

- 병아리콩 3컵
- 달걀 3개
- 통조림 옥수수 1컵
- 저지방 요거트 2큰술
- 꿀 1큰술

1

Cooking

1 큰 그릇에 병아리콩을 넣고 물을 넉넉히 부어 하룻밤 불려둔다.
  TIP 병아리콩은 물을 많이 흡수해 2배 이상 붇기 때문에 물을 넉넉히 부어두는 것이 좋아요.
  TIP 통조림으로 된 병아리콩을 사용한다면 조리과정 1을 생략하고 사용하기 전 체에 밭쳐 물기를 빼두세요.

2 통조림 옥수수는 체에 밭쳐 물기를 빼둔다.

3 냄비에 달걀과 물을 넣고 센불에서 9분간 삶은 뒤 껍질을 벗겨둔다.

4 냄비에 불린 병아리콩과 물을 넣고 센불에서 15분간 삶는다.

5 믹서에 삶은 병아리콩과 삶은 달걀, 꿀, 저지방 요거트를 넣어 곱게 간다.

6 그릇에 옮겨 담은 뒤 물기를 뺀 통조림 옥수수를 넣어 섞는다.

2

4

PLUS RECIPE 병아리콩 꿀 호떡

재료: 병아리콩 에그 샐러드 1컵, 견과류 1큰술, 꿀 1큰술, 올리브오일 1큰술

1 견과류는 잘게 다져 꿀을 넣어 섞는다.
2 병아리콩 에그 샐러드와 **1**의 견과류를 잘 섞은 뒤 동그랗게 빚는다.
3 올리브오일을 두르고 약불로 달군 팬에 올려 앞뒤로 지그시 누르며 노릇하게 굽는다.

병아리콩 달걀말이 **김밥**

커다란 달걀말이가 들어가 보기에도 예쁘고 맛도 좋은 샐러드 김밥이에요.

보관법
✓ 냉장 3일 보관

섭취법
✓ 바로 섭취

Ingredients

- 병아리콩 에그 샐러드 1컵
- 달걀 2개
- 당근 1/2개
- 잎채소 한 줌
- 김밥용 김 1장
- 홀그레인 머스터드 1큰술
- 올리브오일 1큰술
- 소금 한 꼬집

Cooking

1 당근은 스파이럴 라이저로 길게 채 썬다.
   🔸 **TIP** 스파이럴 라이저가 없다면 채칼이나 칼로 얇게 채 썰어 준비해요.

2 채 썬 당근에 홀그레인 머스터드소스를 넣고 버무려 당근 라페를 만든다.

3 달걀은 곱게 푼 뒤 소금을 넣어 간한다.

4 올리브오일을 두른 팬에 곱게 푼 달걀을 부어 달걀말이를 도톰하게 만든다.

5 김밥발 위에 김을 올리고 병아리콩 에그 샐러드를 얇게 편다.

6 잎채소와 채 썬 당근, 달걀말이 순으로 올린 뒤 김밥을 만다.

7 비닐랩이나 종이포일로 감싸 밀봉한 뒤 냉장 보관한다.
   🔸 **TIP** 김이 들어간 요리는 시간이 갈수록 수분을 먹어 눅눅해지고 비린 맛이 나기 때문에 빠른 시간 내 먹는 것이 가장 맛이 좋아요.

병아리콩 콥 샐러드

신선한 채소를 잘라 콥 샐러드를 만들고 달달한 병아리콩 샐러드를 곁들여요.

보관법

✓ 냉장 3일 보관

섭취법

✓ 바로 섭취

Ingredients

- 병아리콩 에그 샐러드 1컵
- 통조림 옥수수 1컵
- 방울토마토 6개
- 파프리카 1개
- 래디시 1개
- 저지방 요거트 2큰술
- 홀그레인 머스터드 1큰술

Cooking

1 통조림 옥수수는 체에 밭쳐 물기를 빼둔다.

2 파프리카는 꼭지와 흰 심지를 제거한 뒤 깍둑썰기 하고 방울토마토는 반 자른다.

3 래디시는 깨끗이 씻어 얇게 슬라이스한다.

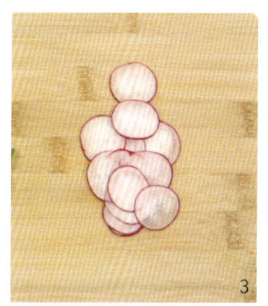

4 저지방 요거트, 홀그레인 머스터드를 섞어 드레싱을 만든 뒤 작은 밀폐용기에 담는다.

5 밀폐용기에 병아리콩 에그 샐러드와 파프리카, 방울토마토, 래디시, 통조림 옥수수를 담는다.

6 샐러드와 드레싱을 냉장 보관한다.

TIP 샐러드와 소스를 따로 보관하는 과정이 번거롭다면 모두 섞어 밀폐용기에 담아 보관해도 좋아요.

응용요리 Wed

병아리콩 너트 샌드위치

다진 아몬드를 듬뿍 넣은 고소하고 든든한 샌드위치예요.

보관법
- 냉장 3일 보관
- 냉동 보관

섭취법
- 전자레인지에서 2분 30초

Ingredients

- 병아리콩 샐러드 1컵
- 모닝빵 2개
- 아몬드 1/2컵
- 꿀 1큰술
- 소금 한 꼬집

Cooking

1 기름을 두르지 않은 팬에 아몬드를 넣고 2분 정도 뒤적여가며 볶은 뒤 잘게 다진다.
   🔸 TIP 만능 다지기(푸드 초퍼)가 있으면 편리해요.

2 그릇에 병아리콩 샐러드, 다진 아몬드, 꿀, 소금을 넣고 고루 섞는다.

3 모닝빵은 완전히 분리되지 않을 정도로 가로로 칼집을 깊게 내어 양옆을 벌린다.

4 모닝빵 사이에 **2**의 스프레드를 듬뿍 채운다.

5 밀폐용기에 담거나 비닐랩으로 감싸 냉장 또는 냉동 보관한다.
   🔸 TIP 너트 샌드위치는 먹기 직전 전자레인지에 2분 30초간 데워 드세요(냉동 보관 시 데우기 전 해동 필요).

응용요리 Thu

병아리콩 에그 고로케

병아리콩 에그 샐러드로 만든 바삭바삭한 고로케, 튀김요리 당기는 날 딱이에요.

보관법
- 냉동 보관
- 냉장 5일 보관

섭취법
- 에어프라이어 160도에서 5분
- 전자레인지에서 3분

Ingredients

- 병아리콩 에그 샐러드 1컵
- 모닝빵 1개
- 달걀 1개
- 양파 1/2개
- 피자 치즈 1/2컵

Cooking

1 양파는 잘게 다진다.
   🆃🅸🅿 만능 다지기(푸드 초퍼)가 있으면 편리해요.

2 모닝빵은 사방 1cm 크기로 깍둑썰기한 뒤 전자레인지에서 3분간 돌려 건조시키고 충분히 식힌다. 식힌 빵 조각은 위생봉투에 담아 잘게 부숴 빵가루를 만든다.

3 그릇에 병아리콩 에그 샐러드, 다진 양파를 넣어 섞은 뒤 3등분 한다.

4 세 덩이로 나눈 고로케 반죽을 동그랗게 빚은 뒤 가운데에 홈을 만들어 피자 치즈를 넣고 오므린다.

5 달걀을 곱게 풀어 넓은 접시나 쟁반 위에 붓는다.

6 고로케 반죽 위에 달걀물을 고루 묻힌다.

7 달걀물을 묻힌 고로케에 빵가루를 입힌다.

8 에어프라이어 바스켓에 종이포일을 깔고 180도에서 5분간 굽는다.

9 한 김 식힌 뒤 밀폐용기에 담아 냉동 또는 냉장 보관한다.
   🆃🅸🅿 고로케는 먹기 직전 전자레인지 3분간 데워 드세요(냉동 보관 시 데우기 전 해동 필요). 160도의 에어프라이어에 5분간 데워도 맛있어요.

병아리콩 치즈 유부구이

병아리콩 에그 샐러드로 유부 속을 꽉꽉 채우고 치즈를 올려 고소함을 더했어요.

보관법
- 냉동 보관
- 냉장 5일 보관

섭취법
- 전자레인지에서 3분

Ingredients

- 병아리콩 에그 샐러드 1컵
- 유부초밥 10장
- 피자 치즈 1/2컵

Cooking

1 끓는 물에 유부를 넣고 10초간 데친 뒤 한 김 식히고 손으로 꼭 짜 물기를 없앤다.

2 유부 속을 벌려 병아리콩 샐러드를 채운다.

3 병아리콩 샐러드 위에 피자 치즈를 올린다.

4 에어프라이어 바스켓 위에 종이포일을 깔고 180도에서 5분간 굽거나 전자레인지 용기에 담아 3분간 돌려 치즈를 녹인다.

5 한 김 식힌 뒤 밀폐용기에 담아 냉동 보관한다.

🅣🅘🅟 유부구이는 먹기 직전 전자레인지에 3분간 데워 드세요(냉동 보관 시 데우기 전 해동 필요).

크림소스 버섯볶음으로
일주일 밀프렙 만들기

식이섬유가 풍부한 버섯은 칼로리가 매우 낮아 다이어트할 때도 양껏 먹을 수 있는 고마운 식재료예요. 9주차에서는 칼로리 낮은 버섯으로 맛있는 크림소스 버섯볶음을 만들어볼게요. 높은 칼로리 때문에 포기했던 까르보나라, 그라탕, 로제 떡볶이를 9주차에서 모두 먹을 수 있답니다.

Monday	Tuesday	Wednesday	Thursday	Friday

두부면 까르보나라	로제 고구마 그라탕	버섯 오픈 샌드위치	라이스페이퍼 떡볶이	매콤 크림 리조또

9주차 장보기

- 표고버섯 10개
- 팽이버섯 5봉
- 달걀 5개
- 고구마(150g) 1개
- 아보카도 1/2개
- 양파 2.5개
- 냉동 채소 1컵
- 잎채소 .... 1~2장
- 청양고추 1개
- 현미밥 1.5컵
- 통밀 식빵 1장
- 현미 라이스페이퍼(16cm) ... 5장
- 두부면(100g) 1개
- 피자 치즈 1/2컵
- 슬라이스 치즈 3장
- 저지방 우유 3.5컵
- 저지방 요거트 1큰술

조미료
- 토마토소스 1.5컵
- 무설탕 고추장 1/2큰술
- 고춧가루 1/2큰술
- 알룰로스 1큰술
- 올리브오일 3큰술
- 소금 .... 한 꼬집
- 후춧가루 .... 두 꼬집

크림소스 버섯볶음

메인요리 / Main dish

칼로리는 낮고 고소한 맛은 살아 있는 크림소스 버섯볶음을 만들어보세요.

Ingredients 5일치

- 표고버섯 10개
- 팽이버섯 5봉
- 양파 2개
- 냉동 채소 1컵
- 저지방 우유 2컵
- 슬라이스 치즈 2장
- 올리브오일 2큰술

Cooking

1. 표고버섯과 양파는 얇게 슬라이스하고, 팽이버섯은 밑동을 잘라낸 뒤 결대로 나눈다.
2. 올리브오일을 두른 팬에 표고버섯, 팽이버섯, 양파, 냉동 채소를 넣고 중불에서 볶는다.
3. 양파가 투명해지면 저지방 우유와 슬라이스 치즈를 넣고 소스가 절반이 될 때까지 졸인다.

PLUS RECIPE 크림소스 버섯 감자 수프

재료: 크림소스 버섯볶음 1컵, 감자 1개, 저지방 우유 1컵, 소금·후춧가루 약간씩

1. 감자는 껍질을 벗겨 사방 1cm 크기로 깍둑썰기 한다.
2. 전자레인지 용기에 감자와 물 5큰술을 넣고 4분간 돌려 감자를 익힌다.
3. 남은 물은 따라 버리고 익힌 감자에 크림소스 버섯볶음과 저지방 우유를 넣고 전자레인지에 2분간 더 돌린다. 기호에 따라 소금과 후춧가루를 곁들인다.

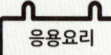
응용요리 Mon

두부면 까르보나라

두부면으로 만든 저칼로리 고단백 까르보나라예요.

보관법
- 냉장 5일 보관
- 냉동 보관

섭취법
- 전자레인지에서 3분 30초

Ingredients

- 크림소스 버섯볶음 1컵
- 달걀 2개
- 두부면(100g) 1개
- 저지방 우유 1/2컵
- 소금 한 꼬집
- 후춧가루 한 꼬집

Cooking

1. 그릇에 따뜻한 물을 담아 두부면을 넣고 10분간 불린다. 불린 두부면은 체에 밭쳐 물기를 빼둔다.
2. 달걀은 곱게 풀어 준비한다.
3. 팬에 크림소스 버섯볶음과 달걀물, 저지방 우유, 소금, 후춧가루를 넣고 중불에 끓인다.
4. 소스가 끓어 오르면 약불로 낮추고 두부면을 넣어 1~2분간 저으며 졸인다.
5. 한 김 식힌 뒤 밀폐용기에 담아 냉장 또는 냉동 보관한다.

   TIP 두부면 까르보나라는 먹기 직전 전자레인지에 3분 30초간 데워 드세요(냉동 보관 시 데우기 전 해동 필요).

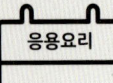

응용요리 Tue

로제 고구마 그라탕

달콤한 고구마와 로제 소스로 부드러운 그라탕을 만들었어요.

보관법
- 냉장 4일 보관
- 냉동 보관

섭취법
- 전자레인지에서 3분 30초

Ingredients

- 크림소스 버섯볶음 1컵
- 고구마(150g) 1개
- 토마토소스 1컵
- 피자 치즈 1/2컵

Cooking

1. 고구마는 껍질을 벗겨 사방 1cm 크기로 깍둑썰기 한다.
2. 전자레인지용 밀폐용기에 크림소스 버섯볶음과 토마토소스를 넣고 고루 섞어 로제 소스를 만든다.
3. 로제 소스 위에 깍둑 썬 고구마를 올린 뒤 전자레인지에 4분간 돌린다.

4. 고구마가 다 익으면 피자 치즈를 올린 뒤 전자레인지에 2분간 더 돌려 피자 치즈를 녹인다.
   TIP 취향에 따라 레드페퍼 1/2큰술을 뿌려도 좋아요.
5. 한 김 식힌 뒤 뚜껑을 닫고 냉장 또는 냉동 보관한다.
   TIP 그라탕은 먹기 직전 전자레인지에 3분 30초간 데워 드세요(냉동 보관 시 데우기 전 해동 필요).

버섯 오픈 샌드위치

아보카도와 저지방 요거트 등을 차곡차곡 쌓아 올린 오픈 샌드위치예요.

보관법
- ✓ 냉동 보관
- ✓ 냉장 3일 보관

섭취법
- ✓ 전자레인지에서 2분

Ingredients

- 크림소스 버섯볶음 1컵
- 달걀 1개
- 통밀 식빵 1개
- 아보카도 1/2개
- 양파 1/2개
- 잎채소 1~2장
- 저지방 요거트 1큰술
- 후춧가루 한 꼬집

Cooking

1. 양파는 잘게 다진다.
2. 아보카도는 껍질과 씨를 제거한 뒤 부드럽게 으깬다.
   🅃🅸🅿 아보카도 손질법은 109쪽을 참고하세요.
3. 으깬 아보카도와 다진 양파를 고루 섞는다.

4. 국자에 달걀을 깨 올리고 팔팔 끓는 물에 1분간 담가 수란을 만든다.
5. 기름을 두르지 않은 팬에 통밀 식빵을 올려 앞뒤로 노릇하게 굽는다.

6. 구운 통밀 식빵 위에 **3**의 스프레드, 저지방 요거트, 크림소스 버섯볶음, 수란, 잎채소 순으로 올리고 후춧가루를 뿌려 마무리한다.
7. 밀폐용기에 담아 냉동 또는 냉장 보관한다.
   🅃🅸🅿 오픈 샌드위치는 먹기 직전 전자레인지에 2분간 데워 드세요(냉동 보관 시 데우기 전 해동 필요).

라이스페이퍼 떡볶이

다이어트 기간에도 놓칠 수 없는 떡볶이. 밀가루떡 대신 라이스페이퍼 떡을 만들어 저칼로리로 즐겨요.

보관법
- 냉동 보관
- 냉장 4일 보관

섭취법
- 전자레인지에서 3분 30초

Ingredients

- 크림소스 버섯볶음 1컵
- 현미 라이스페이퍼(16cm) 5장
- 달걀 1개
- 저지방 우유 1컵
- 슬라이스 치즈 1장
- 토마토소스 1/2컵
- 무설탕 고추장 1/2큰술
- 고춧가루 1/2큰술
- 알룰로스 1큰술
- 올리브오일 1큰술

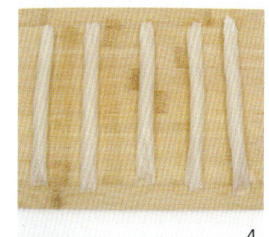

Cooking

1 냄비에 물과 달걀을 넣고 센불에서 8분간 삶은 뒤 껍질을 벗겨 반 자른다

2 크림소스 버섯볶음과 토마토소스, 무설탕 고추장, 고춧가루, 알룰로스를 한데 넣고 고루 섞어 떡볶이 양념을 만든다.

3 넓은 접시에 따뜻한 물을 붓고 라이스페이퍼를 잠깐 담가 불린다.

4 불린 라이스페이퍼를 돌돌 말아 떡볶이떡 모양처럼 만든 뒤 반 자르거나 1/3등분한다.

5 떡볶이떡처럼 만든 라이스페이퍼를 올리브오일을 두른 팬에 3~4분간 굽는다.
 160도의 에어프라이어에서 10분, 뒤집어서 10분 더 구워도 좋아요.

6 라이스페이퍼 떡을 구운 팬에 **2**의 떡볶이 양념과 저지방 우유, 슬라이스 치즈를 넣고 중불로 4분 정도 끓인다.

7 한 김 식힌 뒤 밀폐용기에 옮겨 담고 냉동 또는 냉장 보관한다.
 라이스페이퍼 떡볶이는 먹기 직전 전자레인지에 3분 30초간 데워 드세요(냉동 보관 시 데우기 전 해동 필요).

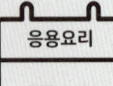
응용요리 Fri

매콤 크림 리조또

느끼하기 쉬운 리조또에 청양고추를 넣어 매콤함을 더했어요.

보관법
- 냉동 보관
- 냉장 4일 보관

섭취법
- 전자레인지에서 4분

Ingredients

- 크림소스 버섯볶음 1컵
- 현미밥 또는 잡곡밥 1.5컵
- 달걀 1개
- 청양고추 1개

Cooking

1 청양고추는 송송 썬다.

2 달걀은 곱게 풀어 준비한다.

3 전자레인지 용기에 크림소스 버섯볶음, 현미밥, 달걀물, 청양고추를 넣어 섞는다.

4 전자레인지에 3분간 돌려 리조또를 익힌다.

5 한 김 식힌 뒤 밀폐용기에 옮겨 담고 냉동 또는 냉장 보관한다.

> **TIP** 리조또는 먹기 직전 전자레인지에 4분간 데워 드세요(냉동 보관 시 데우기 전 해동 필요).

1

2

3

PLUS RECIPE 저염 저당 피클

재료: 오이 1개, 당근 1개, 콜라비 1/2개, 비트 1/2개, 양파 1개, 식초 2컵, 비정제 설탕 1/2컵, 물 3컵

1 오이, 당근, 콜라비, 비트, 양파는 껍질을 벗겨 한 입 크기로 깍둑썰기 한다.

2 냄비에 식초와 설탕, 물을 넣고 중불에서 끓이다가 절임물이 끓어오르면 바로 불에서 내려 충분히 식힌다.

3 밀폐용기에 손질한 채소를 모두 넣고 식힌 절임물을 채소가 잠길 정도로 붓는다.

4 냉장고에서 일주일간 숙성시킨다.

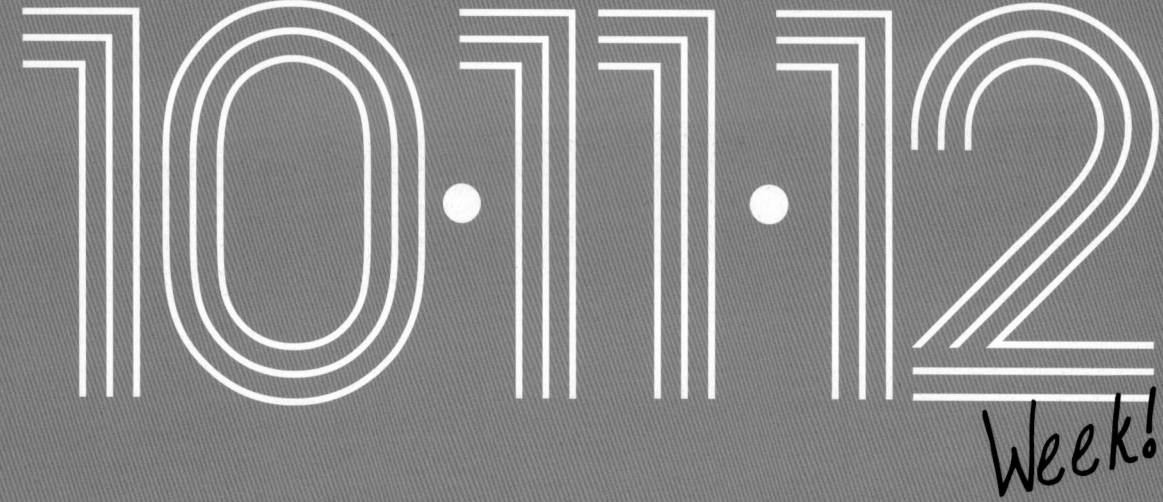

10·11·12주차
목표 체중 달성하고
요요 방지하기

정체기를 무사히 넘겼다면 체중계가 다시 아래로 조금씩 향하는 시기예요. 다만 이 시기부터는 요요가 오지 않도록 경계해야 해요. 애써 뺐던 몸무게가 다시 돌아오는 것을 막으려면 단백질 섭취가 필수랍니다. 10~12주차에선 닭가슴살 찹스테이크, 케일페스토 참치 샐러드, 연어 파피요트로 만든 고단백 레시피를 소개할게요.

닭가슴살 찹스테이크로
일주일 밀프렙 만들기

10주차에는 닭가슴살과 채소로 만든 찹스테이크를 소개할게요.
닭가슴살 찹스테이크는 닭가슴살의 단백질과 채소의 비타민이 시너지 효과를 내어
영양학적으로 흠잡을 곳이 없는 요리랍니다. 맛과 영양이 모두 뛰어난 닭가슴살 찹스테이크로
일주일 밀프렙 식단을 만들어보세요.

Monday

데리야키 치킨 샌드위치

Tuesday

데리야키 치킨 오트밀 덮밥

Wednesday

데리야키 치킨 짜조

Thursday

닭가슴살 볶음우동

Friday

닭가슴살 마늘종 볶음밥

10주차 장보기

- 닭가슴살(100g) ····· 5개
- 달걀 ····· 2개
- 아보카도 ····· 1개
- 양파 ····· 1.25개
- 당근 ····· 1개
- 마늘 ····· 3톨
- 피망 ····· 1개
- 양송이버섯 ····· 5개
- 마늘종 ····· 4줄
- 잎채소 ····· 한 줌
- 청경채 ····· 1개
- 대파(8cm) ····· 4개
- 현미밥 또는 잡곡밥 ····· 1.5컵
- 오트밀 ····· 1/2컵
- 통밀 식빵 ····· 2장
- 곤약 우동(200g) ····· 1개
- 현미 라이스페이퍼(16cm) ····· 5장
- 슬라이스 치즈 ····· 1장
- 저지방 요거트 ····· 1큰술

조미료
- 간장 ····· 2/3컵
- 식초 ····· 1큰술
- 알룰로스 ····· 4큰술
- 홀그레인 머스터드 ····· 1큰술
- 고춧가루 ····· 1큰술
- 다진 마늘 ····· 1/2큰술
- 올리브오일 ····· 5큰술
- 참기름 ····· 1/2큰술
- 후춧가루 ····· 한 꼬집

메인요리 / Main dish

닭가슴살 찹스테이크

짭쪼름하고 담백한 맛의 닭가슴살 스테이크예요.

Ingredients 5일치

- 닭가슴살(100g) 5조각
- 양파 1개
- 피망 1개
- 양송이버섯 5개
- 마늘 3톨
- 간장 1/2컵
- 식초 1큰술
- 알룰로스 2큰술
- 올리브오일 2큰술
- 물 3큰술

1

2

Cooking

1 닭가슴살과 양파, 피망은 한입 크기로 깍둑썰기 한다.
    닭 누린내에 민감하다면 닭가슴살을 우유에 30분 정도 재워 사용하세요.

2 양송이버섯은 기둥째 얇게 썰고, 마늘은 편으로 썬다.

3 간장, 식초, 알룰로스, 물을 한데 넣어 고루 섞는다.

4 중불로 달군 팬에 올리브오일을 두르고 깍둑 썬 닭가슴살을 올려 굽는다.

5 닭가슴살이 80% 정도 익으면 손질한 채소와 **3**의 소스를 넣고 닭가슴살이 완전히 익을 때까지 볶는다.

5

데리야키 치킨 샌드위치

아보카도와 닭가슴살 찹스테이크를 넣은 든든한 샌드위치예요.

보관법

✓ 냉장 4일 보관

섭취법

✓ 바로 섭취

Ingredients

- 닭가슴살 찹스테이크 1컵
- 통밀 식빵 2장
- 아보카도 1/2개
- 양파 1/4개
- 잎채소 한 줌
- 슬라이스 치즈 1장
- 저지방 요거트 1큰술
- 홀그레인 머스터드 1큰술

Cooking

1. 아보카도는 껍질과 씨를 제거한 뒤 얇게 슬라이스한다.
   TIP 아보카도 손질법은 109쪽을 참고하세요.

2. 양파는 잘게 다진다.
   TIP 만능 다지기(푸드 초퍼)가 있으면 편리해요. 다지기를 사용할 때는 양파를 큼지막하게 깍둑썰기 해 넣어 다지세요.

3. 기름을 두르지 않은 팬에 통밀 식빵을 올린 뒤 약불에서 앞뒤로 뒤집어 노릇하게 굽는다.

4. 다진 양파와 저지방 요거트, 홀그레인 머스터드를 한데 넣고 고루 섞는다.

5. 비닐랩이나 종이포일을 아래에 깔고 구운 식빵을 올린 뒤 **4**의 소스를 고르게 바른다.

6. 소스 바른 식빵 위에 잎채소 1/2, 닭가슴살 찹스테이크, 아보카도, 슬라이스 치즈, 남은 잎채소, 식빵 순으로 올린다.

7. 비닐랩이나 종이포일로 감싸 밀봉한 뒤 냉장 보관한다.

4

5

6-1

6-2

데리야키 치킨 오트밀 덮밥

오트밀, 아보카도, 닭가슴살 찹스테이크로 만드는 초간단 덮밥이에요.

보관법
- 냉장 4일 보관
- 냉동 보관

섭취법
- 전자레인지에서 3분

Ingredients

- 닭가슴살 찹스테이크 1컵
- 오트밀 1/2컵
- 달걀 1개
- 아보카도 1/2개
- 물 1/2컵

Cooking

1. 아보카도는 껍질과 씨를 제거한 뒤 얇게 슬라이스한다.
   🅣🅘🅟 아보카도 손질법은 109쪽을 참고하세요.
2. 전자레인지 용기에 오트밀과 달걀, 물을 넣고 고루 섞은 뒤 전자레인지에 3분 돌린다.
3. 밀폐용기에 **2**의 오트밀 밥을 옮겨 담고 그 위에 닭가슴살 찹스테이크와 아보카도를 올린다.
4. 한 김 식혀 냉장 또는 냉동 보관한다.
   🅣🅘🅟 오트밀 덮밥은 먹기 직전 전자레인지에 3분간 데워 드세요(냉동 보관 시 데우기 전 해동 필요).

데리야키 치킨 짜조

달콤짭짤 바삭바삭한 닭가슴살 짜조예요.

보관법
- 냉장 4일 보관
- 냉동 보관

섭취법
- 전자레인지에서 3분
- 에어프라이어 160도에서 5분

Ingredients

- 닭가슴살 찹스테이크 1컵
- 현미 라이스페이퍼(16cm) 5장
- 당근 1/2개
- 대파(8cm) 1개
- 간장 1큰술
- 알룰로스 1큰술
- 다진 마늘 1/2큰술
- 올리브오일 1큰술
- 참기름 1/2큰술
- 후춧가루 한 꼬집

Cooking

1 당근은 한 입 크기로 자르고 대파는 송송 썬다.

2 간장과 알룰로스, 다진 마늘, 참기름, 후춧가루를 한데 넣고 고루 섞는다.

3 넓은 접시에 따뜻한 물을 붓고 라이스페이퍼를 잠깐 담가 불린 뒤 꺼낸다.

4 라이스페이퍼에 찹스테이크를 적당량 나누어 올리고 잘 접어 감싼다.

5 중불로 달군 팬에 올리브오일을 두르고 닭가슴살 짜조를 올려 굽는다.

6 라이스페이퍼의 겉면이 바삭바삭해지면 **2**의 소스와 당근, 대파를 넣고 볶는다.

7 한 김 식혀 밀폐용기에 나눠 담고 냉장 또는 냉동 보관한다.

🅣🅘🅟 치킨 짜조는 먹기 직전 전자레인지에 3분간 데워 드세요(냉동 보관 시 해동 필요). 160도 에어프라이어에서 5분간 구워 먹어도 맛있답니다.

1

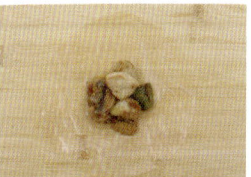

4-1

4-2

5

응용요리 Thu

닭가슴살 **볶음우동**

닭가슴살 찹스테이크에 곤약 우동과 채소를 넣어 후루룩 볶으면
감칠맛 나는 볶음우동 완성이에요.

---보관법---

✓ 냉동 보관
✓ 냉장 4일 보관

---섭취법---

✓ 전자레인지에서
2분 30초

Ingredients

- 닭가슴살 찹스테이크 1컵
- 곤약 우동(200g) 1개
- 당근 1/2개
- 청경채 1개
- 대파(8cm) 2개
- 간장 1/2큰술
- 고춧가루 1큰술
- 알룰로스 1큰술
- 올리브오일 1큰술

Cooking

1. 당근과 대파는 얇게 채 썰고 청경채는 한 잎씩 떼어놓는다.
2. 간장, 고춧가루, 알룰로스를 한데 넣어 고루 섞는다.
3. 중불로 달군 팬에 올리브오일을 두르고 당근과 대파, 청경채를 넣고 3분간 볶는다.
4. 당근이 익으면 닭가슴살 찹스테이크와 곤약 우동, **2**의 볶음우동 소스를 넣고 3분간 더 볶는다.
5. 한김 식혀 밀폐용기에 담고 냉동 또는 냉장 보관한다.

   🅣🅘🅟 볶음우동은 먹기 직전 전자레인지에 2분 30초간 데워 드세요(냉동 보관 시 데우기 전 해동 필요).

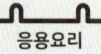

닭가슴살 마늘종 볶음밥

쫑쫑 썬 마늘종의 식감이 재미있는 볶음밥이에요.

보관법
- 냉동 보관
- 냉장 4일 보관

섭취법
- 전자레인지에서 3분

Ingredients

- 닭가슴살 찹스테이크 1컵
- 현미밥 또는 잡곡밥 1.5컵
- 달걀 1개
- 마늘종 4줄
- 대파(8cm) 1개
- 올리브오일 1큰술

Cooking

1 마늘종과 대파는 송송 썬다.

2 달걀은 흰자와 노른자를 분리시켜둔다.

3 팬을 중불로 달군 뒤 올리브오일을 두르고 마늘종과 대파를 넣은 뒤 노릇노릇해질 때까지 2분간 볶는다.

4 채소가 익으면 닭가슴살 찹스테이크와 달걀흰자, 현미밥을 넣고 고루 섞어가며 볶는다.

5 밀폐용기에 볶음밥을 담고 팬에 남은 노른자를 부쳐 볶음밥 위에 올린다.
   TIP 이틀 내에 먹을 거라면 날달걀을 올려도 괜찮아요.

6 한 김 식혀 냉동 또는 냉장 보관한다.
   TIP 마늘종 볶음밥은 먹기 직전 전자레인지에 3분간 데워 드세요(냉동 보관 시 데우기 전 해동 필요).

11주차

케일페스토 참치 샐러드로
일주일 밀프렙 만들기

케일은 단백질이 풍부해 채소계 소고기로 불려요.
케일과 견과류를 함께 갈아 페스토를 만들면 바질페스토와는 또 다른 매력의
페스토를 만들 수 있답니다. 11주차에서는 케일페스토와 참치로 맛있는 샐러드를 만든 뒤
이것을 활용한 일주일 밀프렙 레시피를 알려드릴게요.

Monday

케일페스토 치즈 유부구이

Tuesday

케일페스토 푸실리 파스타

Wednesday

케일페스토 고구마 고로케

Thursday

케일페스토 또띠아 롤

Friday

케일페스토 리조또

11주차 장보기

- 통조림 참치(100g) ········· 5캔
- 달걀 ························· 5개
- 고구마(150g) ················ 1개
- 당근 ························· 1개
- 오이 ························· 1개
- 양파 ························· 1개
- 잣 또는 호두 ················ 1컵
- 케일(녹즙용) ················ 5장
- 방울토마토 ··················· 4개
- 현미밥 또는 잡곡밥 ········ 1.5컵
- 통밀 식빵 ···················· 1장
- 푸실리 파스타 ··············· 1컵
- 통밀 또띠아(15cm) ········· 2장
- 유부초밥 ···················· 10장
- 통조림 옥수수 ··············· 1컵
- 피자 치즈 ···················· 1컵
- 슬라이스 치즈 ··············· 1장
- 저지방 우유 ·················· 1컵

조미료
- 홀그레인 머스터드 ········ 1큰술
- 올리브오일 ················· 6큰술
- 레드페퍼 ·················· 1/2큰술
- 후춧가루 ··················· 세 꼬집
- 소금 ························ 한 꼬집

케일페스토 참치 샐러드

달걀과 참치, 케일페스토로 만드는 이국적인 맛의 샐러드예요.

Ingredients 5일치

- 통조림 참치(100g) 5캔
- 달걀 3개
- 통조림 옥수수 1컵
- 케일(녹즙용) 5장
- 잣 또는 호두 1컵
- 피자 치즈 1/2컵
- 올리브오일 5큰술
- 레드페퍼 1/2큰술
- 소금 한 꼬집
- 후춧가루 한 꼬집

Cooking

1. 통조림 옥수수는 체에 밭쳐 물기를 빼둔다.
2. 통조림 참치는 체에 밭쳐 기름을 제거한다.
3. 냄비에 달걀과 물을 넣고 센불에서 9분간 삶은 뒤 껍질을 제거하고 한입 크기로 자른다.
4. 믹서에 케일과 잣, 피자 치즈, 올리브오일, 소금, 후춧가루를 넣고 곱게 간다.
5. 그릇에 통조림 참치, 통조림 옥수수, **4**의 케일페스토를 넣어 고루 섞는다.
6. 삶은 달걀을 넣고 섞은 뒤 레드페퍼를 뿌려 마무리한다.

2

3

4

케일페스토 치즈 유부구이

케일페스토 샐러드를 넣은 유부초밥에 고소한 치즈를 더했어요.

보관법
- 냉장 4일 보관
- 냉동 보관

섭취법
- 전자레인지에서 3분

Ingredients

- 케일페스토 참치 샐러드 1컵
- 유부초밥 10장
- 피자 치즈 1/2컵

Cooking

1 끓는 물에 유부를 넣고 10초간 데친다. 데친 유부는 한 김 식힌 뒤 손으로 꼭 짜 물기를 없앤다.

2 유부 속을 벌려 케일페스토 참치 샐러드를 90% 정도 채운다.

3 케일페스토 참치 샐러드 위에 피자 치즈를 올린다.

4 에어프라이어의 바스켓에 종이포일을 깔고 180도에서 5분간 굽거나 전자레인지 용기에 담아 3분간 돌려 치즈를 녹인다.

5 한 김 식힌 뒤 밀폐용기에 담아 냉장 또는 냉동 보관한다.

   TIP 유부구이는 먹기 직전 전자레인지에 3분간 데워 드세요(냉동 보관 시 데우기 전 해동 필요).

2

2

3

응용요리 Tue

케일페스토 푸실리 파스타

페스토를 만들었으니 파스타를 빼놓을 수 없죠. 토마토와 채소를 추가해 콜드 파스타를 만들어봐요.

보관법
✓ 냉장 4일 보관
✓ 냉동 보관

섭취법
✓ 바로 섭취

Ingredients

- 케일페스토 참치 샐러드 2큰술
- 푸실리 파스타 1컵
- 오이 1개
- 양파 1/2개
- 방울토마토 4개
- 후춧가루 한 꼬집

Cooking

1 전자레인지 용기에 푸실리 파스타와 물 2컵을 넣고 전자레인지에서 5분 돌려 익힌다. 파스타는 찬물에 헹군 뒤 체에 밭쳐 물기를 뺀다.

2 양파는 잘게 다지고 방울토마토는 꼭지를 뗀 뒤 반 자른다.

3 오이는 깨끗이 씻어 깍둑썰기 한다.

4 파스타와 케일페스토 참치 샐러드를 한데 넣고 버무린다.

5 다진 양파와 방울토마토, 오이, 후춧가루를 넣고 가볍게 섞는다.

6 밀폐용기에 담아 냉장 또는 냉동 보관한다.

응용요리
Wed

케일페스토 고구마 고로케

고구마와 케일페스토를 섞어 만든 달콤쌉쌀 매력적인 맛의 고로케예요.

보관법
- 냉장 4일 보관
- 냉동 보관

섭취법
- 전자레인지에서 2분 30초
- 에어프라이어 160도에서 5분

Ingredients

- 케일페스토 참치 샐러드 2큰술
- 고구마(150g) 1개
- 달걀 1개
- 통밀 식빵 1장

Cooking

1. 통밀 식빵은 사방 1cm 크기로 깍둑썰기 한 뒤 전자레인지 3분간 돌려 건조시키고 충분히 식힌다. 식힌 빵 조각은 위생봉투에 담아 잘게 부숴 빵가루를 만든다.
2. 고구마는 껍질을 벗겨 한입 크기로 깍둑썰기 한다.
3. 깍둑 썬 고구마는 전자레인지 용기에 물 5큰술과 함께 넣고 전자레인지에 5분간 돌려 익힌 뒤 남은 물은 따라 내고 포크로 부드럽게 으깬다.
4. 으깬 고구마에 케일페스토 참치샐러드를 넣고 고루 섞어 고로케 반죽을 만든다.
5. 고로케 반죽을 먹기 좋은 크기로 떼어 동그랗게 빚는다.
6. 달걀은 곱게 풀어 넓은 접시나 쟁반에 부어둔다.
7. 동그랗게 빚은 반죽에 달걀물을 묻히고 그 위에 빵가루를 입힌다.
8. 에어프라이어의 바스켓에 종이포일을 깔고 고로케를 올려 180도에서 15분간 굽는다.
   TIP 올리브오일을 두른 팬을 약불로 두고 노릇하게 구워도 돼요.
9. 한 김 식힌 뒤 밀폐용기에 담아 냉장 또는 냉동 보관한다.
   TIP 고로케는 먹기 직전 전자레인지에 2분 30초간 데워 드세요(냉동 보관 시 데우기 전 해동 필요). 160도 에어프라이어에서 5분간 구워 먹어도 좋아요.
   TIP 식물성 마요네즈와 무설탕 케첩을 1:1로 섞어 곁들여 먹으면 더 맛있어요.

3

4

5

8

응용요리 Thu

케일페스토 또띠아 롤

상큼한 당근 라페를 곁들여 맛도 좋고 먹기도 편한 또띠아 롤을 만들었어요.

보관법
- ✓ 냉장 4일 보관
- ✓ 냉동 보관

섭취법
- ✓ 바로 섭취

Ingredients

- 케일페스토 참치 샐러드 1컵
- 통밀 또띠아(15cm) 2장
- 당근 1개
- 홀그레인 머스터드 1큰술

Cooking

1 당근은 스파이럴 라이저로 길게 채 썬다.
   🆃🅸🅿 스파이럴 라이저가 없다면 채칼이나 칼로 얇게 채 썰어 준비해요.

2 채 썬 당근과 홀그레인 머스터드를 넣고 버무려 당근 라페를 만든다.

3 비닐랩이나 종이포일 위에 또띠아를 올린 뒤 케일페스토 참치 샐러드, 당근 라페 순으로 올려 돌돌 만다.

4 비닐랩이나 종이포일로 감싸 밀봉한 뒤 냉장 또는 냉동 보관한다.

케일페스토 리조또

케일페스토 샐러드로 부드럽고 고소한 리조또를 만들어보세요.

보관법
- 냉동 보관
- 냉장 4일 보관

섭취법
- 전자레인지에서 4분 30초

Ingredients

- 케일페스토 참치 샐러드 2큰술
- 현미밥 또는 잡곡밥 1.5컵
- 달걀 1개
- 양파 1/2개
- 저지방 우유 1컵
- 슬라이스 치즈 1장
- 올리브오일 1큰술
- 후춧가루 한 꼬집

Cooking

1. 양파는 얇게 채 썬다.
2. 올리브오일을 두른 팬에 양파를 넣고 중불에서 4분간 볶는다.

3. 양파가 투명해지면 저지방 우유를 붓고 센불에서 끓인다.
4. 우유가 끓어 오르면 현미밥과 케일페스토 참치 샐러드, 슬라이스 치즈, 달걀, 후춧가루를 넣고 자작해질 때까지 졸인다.

    🅣🅘🅟 이틀 내에 먹을 예정이라면 달걀의 흰자와 노른자를 분리한 뒤 조리과정 4에서는 흰자만 넣어 졸이고, 노른자는 리조또 위에 익히지 않고 면 위에 올려 먹어도 좋아요.

5. 한 김 식힌 뒤 밀폐용기에 옮겨 담아 냉동 또는 냉장 보관한다.

    🅣🅘🅟 리조또는 충분히 해동시킨 뒤 먹기 직전 전자레인지에 4분 30초간 데워 드세요.

12주차

연어 파피요트로
일주일 밀프렙 만들기

연어는 오메가 3 지방산과 비타민 E가 풍부해 체내 중성지방 수치를 낮춰주고 노화 방지에 도움을 주는 훌륭한 식재료예요. 단백질은 풍부하고 칼로리는 적어 다이어터들에게도 좋은 식품이지요. 12주차에서는 연어와 채소를 구워 지중해식 찜요리 파피요트를 만든 뒤 일주일 밀프렙을 준비해볼 거예요.

Monday
연어 샐러드 김밥

Tuesday
연어 스크램블 에그 샌드위치

Wednesday
연어 투움바 파스타

Thursday
연어 라이스 볼

Friday
연어 데리야키 덮밥

12주차 장보기

- 연어 · · · · · · · · · · · · · · · · · 800g
- 달걀 · · · · · · · · · · · · · · · · · · · 3개
- 감자 · · · · · · · · · · · · · · · · · · · 1개
- 애호박 · · · · · · · · · · · · · · · · · 1개
- 양파 · · · · · · · · · · · · · · · · · · · 2개
- 마늘 · · · · · · · · · · · · · · · · · · · 5톨
- 청경채 · · · · · · · · · · · · · · · · · 3개
- 방울토마토 · · · · · · · · · · · · 10개
- 레몬(생략 가능) · · · · · · · · · 1개
- 잎채소 · · · · · · · · · · · · · · · · 두 줌
- 현미밥 또는 잡곡밥 · · · · · · 3컵
- 통밀 식빵 · · · · · · · · · · · · · · 2장
- 통밀 파스타 · · · · · · · 1인분(100g)
- 김밥용 김 · · · · · · · · · · · · · · 1장
- 피자 치즈 · · · · · · · · · · · · · 1/2컵
- 슬라이스 치즈 · · · · · · · · · · 2장
- 저지방 우유 · · · · · · · · · · · · 1컵
- 저지방 요거트 · · · · · · · · · 1큰술

조미료
- 토마토소스 · · · · · · · · · · 1/2큰술
- 간장 · · · · · · · · · · · · · · · · · 3큰술
- 식초 · · · · · · · · · · · · · · · · · 1큰술
- 알룰로스 · · · · · · · · · · · · · 2큰술
- 다진 마늘 · · · · · · · · · · · · 1큰술
- 올리브오일 · · · · · · · · · · · 6큰술
- 소금 · · · · · · · · · · · · · · · · 세 꼬집
- 후춧가루 · · · · · · · · · · · · 한 꼬집

연어 파피요트

지중해식 찜요리 파피요트로 신선한 연어와 채소의 맛을 그대로 즐길 수 있어요.

Ingredients 5일치

- 연어 800g
- 애호박 1개
- 양파 1개
- 청경채 3개
- 방울토마토 10개
- 마늘 5톨
- 레몬 1개(생략 가능)
- 올리브오일 2큰술
- 소금 한 꼬집
- 후춧가루 한 꼬집

Cooking

1. 애호박은 1cm 두께로 슬라이스하고 양파는 깍둑썰기 한다. 방울토마토는 반 자른다. 청경채는 한 잎씩 떼어 준비한다.
2. 에어프라이어 바스켓 위에 종이포일을 놓고 올리브오일 1큰술을 뿌린 뒤 연어와 손질한 채소를 올린다.
3. 연어 위에 남은 올리브오일 1큰술과 소금, 후춧가루를 뿌린다.
4. 종이포일의 양끝을 돌돌 말아 사탕 모양을 만든 뒤 에어프라이어에 넣고 200도에서 20분간 익힌다.

   TIP 에어프라이어 대신 프라이팬에 사탕 모양으로 만 파피요트와 물 150mL를 넣고 뚜껑을 덮은 뒤 물이 완전히 증발할 때까지 구워도 돼요.

응용요리 Mon

연어 샐러드 김밥

밥 대신 으깬 감자를 넣은 부드럽고 고소한 연어 샐러드 김밥이에요.

보관법
✓ 냉장 3일 보관

섭취법
✓ 바로 섭취

Ingredients

- 언어 파피요트 1컵
- 달걀 2개
- 감자 1개
- 양파 1/4개
- 잎채소 한 줌
- 김밥용 김 1장
- 슬라이스 치즈 1장
- 저지방 요거트 1큰술
- 올리브오일 1큰술
- 소금 한 꼬집

Cooking

1. 감자는 껍질을 벗겨 사방 2cm 크기로 깍둑썰기 하고 양파는 잘게 다진다.
2. 전자레인지 용기에 깍둑 썬 감자와 물 5큰술을 넣고 전자레인지에서 4분간 돌려 익힌다. 감자가 익으면 남은 물은 모두 따라 내고 포크로 감자를 으깬 뒤 충분히 식힌다.
3. 달걀을 곱게 푼 뒤 소금을 넣어 간한다.
4. 올리브오일을 두른 팬에 달걀물을 붓고 중약불에서 달걀말이를 만든다.
5. 김밥발 위에 김을 깔고 으깬 감자를 얇게 편다.
6. 감자 위에 잎채소, 언어 파피요트, 달걀말이, 치즈 순으로 올려 김밥을 만다.
7. 저지방 요거트와 다진 양파를 한데 넣고 섞어 소스를 만든다.
8. 김밥과 소스를 각각 다른 밀폐용기에 담아 냉장 보관한다.

🅣🅘🅟 김이 들어간 요리는 시간이 갈수록 수분을 먹어 눅눅해지고 비린 맛이 나기 때문에 빠른 시간 내 먹는 것이 가장 맛이 좋아요.

응용요리 Tue

연어 스크램블 에그 샌드위치

연어와 달걀로 부들부들한 스크램블 에그 샌드위치를 만들어보세요.

보관법
- 냉장 4일 보관
- 냉동 보관

섭취법
- 바로 섭취

Ingredients

- 연어 파피요트(연어만 사용) 1컵
- 통밀 식빵 2장
- 양파 1/4개
- 달걀 1개
- 잎채소 한 줌
- 토마토소스 1/2큰술
- 올리브오일 1큰술
- 소금 한 꼬집

Cooking

1 양파는 얇게 채 썬다.

2 달걀은 곱게 푼 뒤 소금을 넣어 간한다.

3 올리브오일을 두른 팬에 달걀물을 붓고 연어, 채 썬 양파를 넣은 뒤 약불에서 나무젓가락으로 휘저으며 스크램블을 만든다.

4 비닐랩이나 종이포일 위에 통밀 식빵을 올리고 토마토소스를 고루 바른다.

5 토마토소스 위에 잎채소, 연어 스크램블, 식빵 순으로 올린다.

6 비닐랩이나 종이포일로 잘 감싸 냉장 또는 냉동 보관한다.

3-1

3-2

4

5

응용요리

Wed

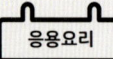

연어 투움바 파스타

연어 파피요트로 만드는 근사한 투움바 파스타예요.

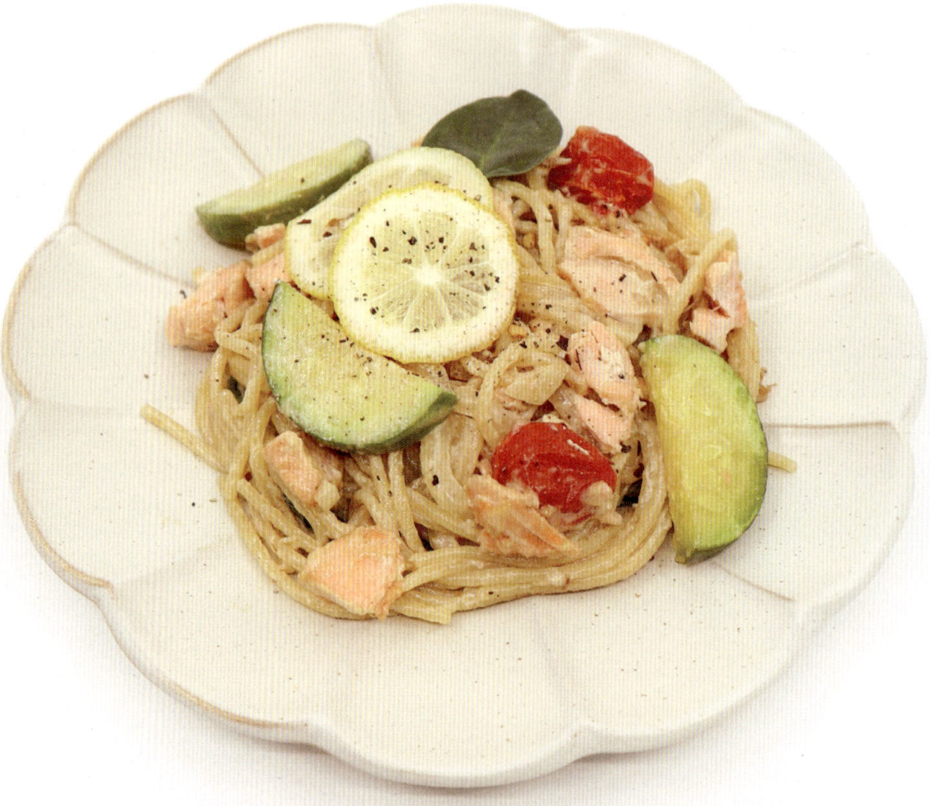

보관법

✓ 냉장 4일 보관
✓ 냉동 보관

섭취법

✓ 전자레인지에서 3분 30초

Ingredients

- 연어 파피요트 1컵
- 통밀 파스타 1인분(100g)
- 양파 1/2개
- 저지방 우유 1컵
- 슬라이스 치즈 1장
- 간장 2큰술
- 다진 마늘 1큰술
- 올리브오일 1큰술

Cooking

1. 양파는 얇게 채 썬다.

2. 전자레인지 용기에 통밀 파스타와 물 2컵을 넣고 전자레인지에서 15분간 돌려 익힌다.
   TIP 면을 반으로 부러뜨려 넣으면 파스타를 골고루 익힐 수 있어요.

3. 올리브오일을 두른 팬에 파피요트 채소와 양파, 다진 마늘을 넣고 중불에서 3분간 볶는다.

4. 양파가 투명해지면 저지방 우유를 넣고 끓인다.

5. 우유가 끓어 오르면 연어와 삶은 파스타, 슬라이스 치즈, 간장을 넣고 잘 저어가며 자작해질 때까지 졸인다.

6. 한 김 식힌 뒤 밀폐용기에 담아 냉장 또는 냉동 보관한다.
   TIP 투움바 파스타는 먹기 직전 전자레인지에 3분 30초간 데워 드세요(냉동 보관 시 데우기 전 해동 필요).

응용요리 Thu

연어 **라이스 볼**

구운 오니기리 같은 연어 라이스 볼이에요.

보관법
- 냉동 보관
- 냉장 4일 보관

섭취법
- 전자레인지에서 3분 30초
- 바로 섭취

Ingredients

- 연어 파피요트 1컵
- 현미밥 또는 잡곡밥 1.5컵
- 피자 치즈 1/2 컵

Cooking

1 그릇에 현미밥과 연어 파피요트를 넣고 잘 섞는다.

2 1을 3등분해 동그랗게 빚은 뒤 가운데를 엄지손가락으로 꾹 눌러 홈을 판다.

3 홈에 피자 치즈를 1큰술을 넣고 다시 잘 오므린다.

4 에어프라이어의 바스켓에 종이포일을 깔고 라이스 볼을 올린 뒤 180도에서 20분간 굽는다.

5 한 김 식힌 뒤 밀폐용기에 담거나 비닐랩으로 감싸 냉동 또는 냉장 보관한다.

TIP 라이스 볼은 먹기 직전 전자레인지에 3분 30초간 데워 먹는다(냉동 보관 시 데우기 전 해동 필요).

응용요리 Fri

연어 데리야키 덮밥

연어 파피요트에 수제 데리야키 소스를 더해 덮밥으로 만들었어요.

보관법
- 냉동 보관
- 냉장 4일 보관

섭취법
- 전자레인지에서 3분 30초

Ingredients

- 연어 파피요트 1컵
- 현미밥 또는 잡곡밥 1.5컵
- 간장 1큰술
- 식초 1큰술
- 알룰로스 2큰술
- 올리브오일 1큰술
- 물 3큰술

Cooking

1. 간장, 식초, 올리브오일, 알룰로스, 물을 잘 섞어 데리야키 소스를 만든다.
2. 팬에 데리야키 소스를 넣고 약불에서 끓인다.

3. 소스가 끓어 오르면 연어 파피요트를 넣고 수분이 날아갈 때까지 3분간 자작하게 졸인다.
4. 밀폐용기에 현미밥을 담고 그 위에 데리야키 연어구이를 올린다.
5. 한 김 식혀 냉동 또는 냉장 보관한다.

    🅣🅘🅟 데리야키 덮밥은 먹기 전에 전자레인지에 3분 30초간 데워 드세요(냉동 보관 시 데우기 전 해동 필요).

Baking!

디저트는 못 참지!
저탄수 다이어트 베이킹

다이어트할 때 제일 참기 힘든 것이 달콤한 디저트의 유혹 아닐까요? 하지만 시판 디저트들은 칼로리는 물론 탄수화물, 지방 함량이 모두 높아 다이어트할 땐 피해야 합니다. 이 파트에서는 다이어터를 위한 저탄수화물 베이킹 레시피를 소개합니다. 분량대로 만들어 냉동시켜두었다가 달달한 간식이 당길 때 하나씩 꺼내 드세요.

허니 바나나케이크

바나나 향이 물씬 나는 폭신폭신 노밀가루 케이크예요.

Ingredients 지름 15cm 1개 분량

- 바나나 1개
- 아몬드 가루 1.5컵
- 달걀 3개
- 꿀 2큰술
- 알룰로스 1큰술
- 해바라기씨유 1/2큰술
- 베이킹파우더 1/2큰술(5g)
- 소금 한 꼬집

Cooking

1 바나나는 껍질을 벗겨 포크로 부드럽게 으깬다.

2 다른 그릇에 달걀과 꿀, 알룰로스를 넣고 고루 섞는다.

3 2에 아몬드 가루와 베이킹파우더, 소금을 넣어 섞는다.

3

4

4 으깬 바나나를 섞어 케이크 반죽을 만든다.

5 지름 15cm 크기의 케이크 틀 안쪽에 베이킹 붓으로 해바라기씨유를 얇게 바른 뒤 케이크 반죽을 붓는다.
   TIP 해바라기씨유가 없다면 카놀라유나 포도씨유 등 다른 식물성 오일로 대체할 수 있습니다. 베이킹 붓이 없다면 키친타월에 해바라기씨유를 적당히 묻힌 뒤 틀을 가볍게 닦아 오일 코팅해요.

5

6 180도 예열된 오븐에 넣어 50분간 굽는다.
   TIP 에어프라이어를 사용할 때는 180도에서 40분간 구우면 돼요.

7 식힘망에 올려 완전히 식힌 뒤 6조각으로 소분한다. 남은 것은 하나씩 밀봉해 냉동 보관한다.

치즈 쿠키

슈레드 치즈와 아몬드 가루로 간단하지만 짭짤 고소한 쿠키를 만들어보세요.

Ingredients 지름 3cm 15개 분량

- 아몬드 가루 1컵
- 슈레드 치즈 1컵
- 소금 한 꼬집

Cooking

1. 전자레인지 용기에 아몬드 가루와 치즈를 넣어 섞는다.
2. 전자레인지에 넣고 치즈가 녹을 때까지 2~3분 정도 돌린다.
3. 소금을 넣고 반죽을 고루 섞는다.
4. 오븐팬에 종이포일을 깔고 반죽을 부은 뒤 수저로 약 0.5cm 두께로 얇게 편다.
5. 스크래퍼나 칼로 반죽을 먹기 좋은 크기로 자른다.
6. 180도로 예열한 오븐에서 12분간 굽는다.

   TIP 에어프라이어를 사용할 때는 160도에서 5분간 구우면 돼요.

오트밀 당근케이크

노밀가루 당근케이크에 프로틴 파우더까지 더해 건강하고 맛있는 저탄수화물 케이크를 만들어보세요.

Ingredients 지름 16cm 1개 분량

- 당근 1개
- 오트밀 가루 1.5컵
- 프로틴 파우더 1컵
- 달걀 2개
- 다진 아몬드 1/2컵
- 해바라기씨유 1/2컵
- 저지방 우유 1/3컵
- 스테비아 1큰술
- 시나몬 파우더 1큰술
- 베이킹파우더 1/2큰술(5g)
- 소금 한 꼬집

2

Cooking

1. 오트밀 가루, 프로틴 파우더, 시나몬 파우더, 베이킹파우더는 고운체로 함께 체 쳐둔다.

2. 당근은 껍질을 벗겨 강판에 곱게 간다.
   TIP 만능 다지기(푸드 초퍼)가 있다면 적당한 크기로 깍둑썰기 한 당근을 넣고 잘게 다져도 좋아요.

3. 다른 그릇에 달걀, 우유, 해바라기씨유, 스테비아, 소금을 넣어 거품기로 고루 섞는다.
   TIP 해바라기씨유 대신 카놀라유나 포도씨유같이 향이 없는 식물성 오일로 대체 가능해요.
   TIP 스테비아는 다른 저열량 감미료나 비정제 설탕으로 교체할 수 있어요.

4

4. 3에 체 친 가루 재료를 넣고 날가루가 보이지 않을 때까지 고루 섞어 반죽한다.

5. 간 당근과 다진 아몬드를 넣고 섞어 케이크 반죽을 만든다.

5

6. 지름 16cm 케이크 틀 안쪽에 베이킹 붓으로 해바라기씨유를 얇게 바르고 케이크 반죽을 붓는다.
   TIP 베이킹 붓이 없다면 키친타월에 해바라기씨유를 적당히 묻힌 뒤 틀을 가볍게 닦아 오일 코팅해요.

7. 케이크 틀을 잡고 바닥으로 두어 번 탕탕 내리쳐 반죽 속의 기포를 뺀다.

8. 170도로 예열한 오븐에서 25분간 굽는다.
   TIP 에어프라이어를 사용할 때는 160도에서 25분간 구우면 돼요.

9. 식힘망에 올려 완전히 식힌 뒤 6조각으로 소분한다. 남은 것은 하나씩 밀봉해 냉동 보관한다.
   TIP 크림치즈 100g과 저지방 요거트 100g을 섞어 프로스팅을 만든 뒤 케이크 위에 발라도 좋아요.

오트밀 바나나 떡빵

떡 인듯 빵 인듯 고소하고 쫀득한 바나나 떡빵을 만들어보세요.

Ingredients 지름 5cm 4개 분량

- 바나나 4개
- 오트밀 가루 1.5컵
- 견과류 1/2컵
- 블루베리 1/2컵
- 달걀 2개
- 저지방 우유 1/2컵
- 코코넛오일 1/3컵
- 소금 한 꼬집
- 해바라기씨유 약간

Cooking

1 바나나는 껍질을 벗겨 포크로 부드럽게 으깬다.

2 달걀, 소금, 코코넛 오일을 그릇에 넣고 층이 생기지 않도록 거품기로 충분히 섞는다.

3 2에 으깬 바나나, 오트밀 가루를 넣어 고루 섞는다.

4 반죽을 퍼 올렸다가 아래로 떨어뜨렸을 때 뚝뚝 끊어지며 흐르는 정도가 될 때까지 저지방 우유로 농도를 맞춘다.

  TIP 바나나가 얼마나 익었는지에 따라 반죽의 농도가 다를 수 있어요. 저지방 우유의 양을 조절해 반죽 농도를 맞추세요.

5 종이컵 안쪽에 해바라기씨유를 발라 코팅한 뒤 반죽을 80% 정도 채우고 블루베리를 올린다.

  TIP 해바라기씨유가 없다면 카놀라유나 포도씨유 등 다른 식물성 오일로 대체할 수 있어요.

6 170도로 예열된 오븐에서 25분간 굽는다.

  TIP 전자레인지를 사용할 때는 1컵당 3분 30초 정도 돌려 익히세요.

7 완전히 식힌 뒤 종이컵을 벗겨 낸다. 남은 것은 밀봉해 냉동 보관한다.

프로틴 초콜릿 푸딩

초콜릿맛 프로틴 파우더를 찰랑찰랑 달콤한 푸딩으로 변신시켜보세요.

Ingredients 600mL 분량

- 저지방 우유 3컵
- 초콜릿맛 프로틴 파우더 2큰술
- 알룰로스 2큰술
- 한천 가루 또는 젤라틴 가루 1큰술
- 소금 한 꼬집

Cooking

1. 저지방 우유, 프로틴 파우더, 알룰로스, 한천 가루, 소금을 그릇에 넣고 고루 섞는다.
2. 냄비에 옮긴 뒤 중불에서 타지 않도록 계속 저어주며 6분간 끓인다.
3. 한 김 식힌 뒤 내열용기 또는 깨끗이 씻은 200mL 우유팩에 소분해 3시간가량 냉장실에서 차갑게 한다.

   TIP 냉동실에 보관하면 샤베트처럼 즐길 수 있어요.

두부 아이스크림 케이크

두부와 제철 과일로 만드는 저칼로리 초코 아이스크림이에요.

Ingredients 400mL 분량

- 두부 1.5컵
- 두유 2/3컵
- 아몬드 가루 4큰술
- 무설탕 코코아 파우더 1큰술
- 알룰로스 1큰술
- 베이킹파우더 1/2큰술(5g)
- 제철 과일 적당량

2

Cooking

1 두유와 아몬드 가루, 베이킹파우더를 그릇에 넣고 고루 섞는다.

2 종이포일을 깔고 **1**의 반죽을 얇게 펼친다.

3 전자레인지에 종이포일째 반죽을 넣고 3~4분간 돌려 케이크 시트를 만든다.

5

4 두부를 고운체에 올려 누르거나 면포로 감싼 뒤 손으로 꽉 짜 수분을 제거하고 부드럽게 으깬다.

5 으깬 두부에 코코아 파우더와 알룰로스를 넣고 섞는다.

6 비닐랩 또는 종이포일 위에 케이크 시트를 올리고 으깬 두부와 제철 과일을 올려 김밥 말듯 돌돌 만다.

7 냉동실에 넣고 2시간 이상 두어 차갑게 굳힌 뒤 먹기 좋은 크기로 자른다.

6-1

6-2

바스크 요거트 케이크

겉면을 까맣게 그을려 풍미를 한층 높인 바스크 요거트 케이크예요.

Ingredients 지름 15cm 1개 분량

- 저지방 요거트 300g
- 달걀 4개
- 옥수수 전분 1/3컵
- 블루베리 30g
- 알룰로스 4큰술

Cooking

1 그릇에 달걀과 저지방 요거트, 알룰로스를 넣고 거품기로 살 섞는다.

2 옥수수 전분을 넣고 덩어리지지 않도록 고루 젓는다.

3 블루베리를 넣어 가볍게 섞는다.

4 지름 15cm 케이크 틀에 종이포일을 구겨서 깐다.

5 틀의 80%까지 반죽을 붓는다.

6 180도로 예열된 오븐에서 50분 굽는다.
   TIP 에어프라이어를 사용할 때는 170도에서 40분 굽고, 한 김 식힌 뒤 160도로 내려 40분 더 구우세요.

7 실온에서 충분히 식힌 뒤 틀과 함께 하루 냉장 보관한다. 남은 것은 소분해 냉동 보관한다.

노밀가루 무화과 스콘

건무화과를 넣어 맛을 더한 스콘이에요. 무화과 대신 좋아하는 건과일로 바꿔 만들어도 좋아요.

Ingredients 8개 분량

- 아몬드 가루 3컵
- 건무화과 1컵
- 두유 1/2컵
- 해바라기씨유 1/2컵
- 스테비아 1큰술
- 베이킹파우더 1/2큰술(5g)

Cooking

1 그릇에 아몬드 가루, 베이킹파우더, 스테비아를 섞는다.
   TIP 스테비아는 다른 저열량 감미료나 비정제 설탕으로 교체할 수 있어요.

2 두유와 건무화과, 해바라기씨유를 넣고 날가루가 보이지 않을 정도로만 가볍게 반죽을 뭉친다.
   TIP 해바라기씨유 대신 카놀라유나 포도씨유같이 향이 없는 식물성 오일로 대체해도 좋아요.

3 반죽은 지름 12cm 크기로 동그랗게 뭉친 뒤 부채꼴 모양으로 8등분한다.

4 오븐팬에 종이포일을 깔고 간격을 살짝 벌려 반죽을 올린다.

5 달걀은 곱게 풀어 달걀물을 만든다.

6 베이킹용 붓으로 반죽 윗면에 달걀물을 얇게 바른다.

7 180도 예열된 오븐에 25분간 굽는다.
   TIP 에어프라이어를 사용할 때는 170도에서 15분간 구워요.

8 식힘망 위에 올려 한 김 식힌다. 남은 것은 밀봉해 냉동 보관한다.

흑임자 바나나 쿠키

바나나의 달달함과 흑임자의 고소함이 살아 있는 쿠키예요.

Ingredients 지름 7cm 6개 분량

- 바나나 2개
- 오트밀 가루 2컵
- 검은깨 또는 흑임자 퀴이크 1/2컵
- 해바라기씨유 1/3컵
- 꿀 2큰술

Cooking

1 바나나는 껍질을 벗겨 포크로 부드럽게 으깬다.

2 으깬 바나나에 오트밀 가루와 검은깨를 넣어 섞는다.

3 해바라기씨유와 꿀을 넣고 고루 섞는다.

4 오븐팬 위에 종이포일을 놓고 수저를 이용해 반죽을 지름 5cm 크기로 퍼 올린다.

> TIP 많이 익어 물러진 바나나를 넣으면 반죽이 질어 빚어지지 않을 수 있어요. 그럴 때는 반죽에 오트밀 가루를 조금씩 추가해가며 농도를 맞추세요.

5 180도로 예열된 오븐에서 25분간 굽는다.

> TIP 에어프라이어를 사용할 때는 170도에서 15분간 구워요.

6 식힘망 위에 올려 완전히 식힌 뒤 밀봉해 냉동 보관한다.

인절미 콩볼

아몬드 가루와 현미 쌀가루로 만든 반죽에 콩가루를 입혀 만든 고소한 한입 간식이에요.

Ingredients 12개 분량

- 아몬드 가루 1컵
- 현미 쌀가루 1/2컵
- 코코넛 오일 1/2컵
- 스테비아 1/2컵
- 견과류 1/2컵
- 콩가루 1.5컵

3

Cooking

1. 콩가루 1컵과 현미 쌀가루, 아몬드 가루를 한데 넣어 섞는다.
2. 다른 그릇에 코코넛 오일과 스테비아를 넣어 섞는다.
   🅣🅘🅟 스테비아는 다른 저열량 감미료나 비정제 설탕으로 교체할 수 있어요.
3. 코코넛 오일이 담긴 그릇에 **1**의 가루 재료와 견과류를 넣고 섞어 콩볼 반죽을 만든다.
4. 한입 크기로 동그랗게 빚는다.
5. 170도로 예열된 오븐에서 13분간 굽는다.
   🅣🅘🅟 에어프라이어를 사용할 때는 180도에서 10분간 굽고 뒤집어서 4분 구우세요.
6. 구운 콩볼은 충분히 식힌 뒤 남은 콩가루 1/2컵을 접시에 고르게 펴 올리고 그 위에 콩볼을 굴려 콩가루를 고루 입힌다.
7. 남은 것은 밀봉해 냉동 보관한다.

4

6

**하루 한 끼
다이어트 밀프렙**

초판 1쇄 2022년 4월 5일

지은이 | 김수지

발행인 | 박장희
부문 대표 | 이상렬
제작 총괄 | 이정아
편집장 | 손혜린
책임편집 | 안혜진

표지 디자인 | 변바희
내지 디자인 | Niceage 강상희
마케팅 | 김주희, 김다은, 심하연

발행처 | 중앙일보에스(주)
주소 | (04513) 서울시 중구 서소문로 100(서소문동)
등록 | 2008년 1월 25일 제2014-000178호
문의 | jbooks@joongang.co.kr
홈페이지 | jbooks.joins.com
네이버 포스트 | post.naver.com/joongangbooks
인스타그램 | @j__books

ⓒ 김수지, 2022

ISBN 978-89-278-1291-3 13590

- 이 책은 저작권법에 따라 보호받는 저작물이므로 무단 전재와 무단 복제를 금하며 책 내용의 전부
  또는 일부를 이용하려면 반드시 저작권자와 중앙일보에스(주)의 서면 동의를 받아야 합니다.
- 책값은 뒤표지에 있습니다.
- 잘못된 책은 구입처에서 바꿔 드립니다.

중앙books는 중앙일보에스(주)의 단행본 출판 브랜드입니다.